本書の特色と使い方

JN094496

全て印刷・コピーして学校で使えます。

児童が書きやすい B4 か A3 に拡大コピーしてお使いください。

本書で適切な評価ができます。

各社の教科書を徹底研究して，観点別のテストを作成しました。
各学年・各単元で必要な基礎基本を評価するのに役立ちます。

どの単元も観点別評価ができます。（一部単元を除く）

どの単元でも「知識・技能」と「思考・判断・表現」の 2 つの観点で評価できます。2 つの観点ともに対等な点数配分（100 点満点）で構成しているため，観点別の評価が適切にできます。

選べるA・B　2タイプの評価テスト（一部単元を除く）

A では基礎基本の定着をねらいとした問題構成に，B では一層の学習内容の定着をねらいとして発展的内容も加え，問題数を多くした構成にしています。
児童の実態や単元の重要度に応じて，選んで使用できます。

テストの前にも使えます。

市販のテストを使用される学級でも，本書を活用して単元のまとめができます。市販のテストの前に本書のテストを活用することで，確実な学力がつきます。

学習準備プリントで既習内容の確認ができます。

新たな単元を学習する上で必要な基礎基本を振り返り，内容の定着を確かめることができます。児童の学習の準備とともに，学習計画を立てる上でも役立てることができます。

1年　目次

月　　日

なかまづくりとかず

なまえ

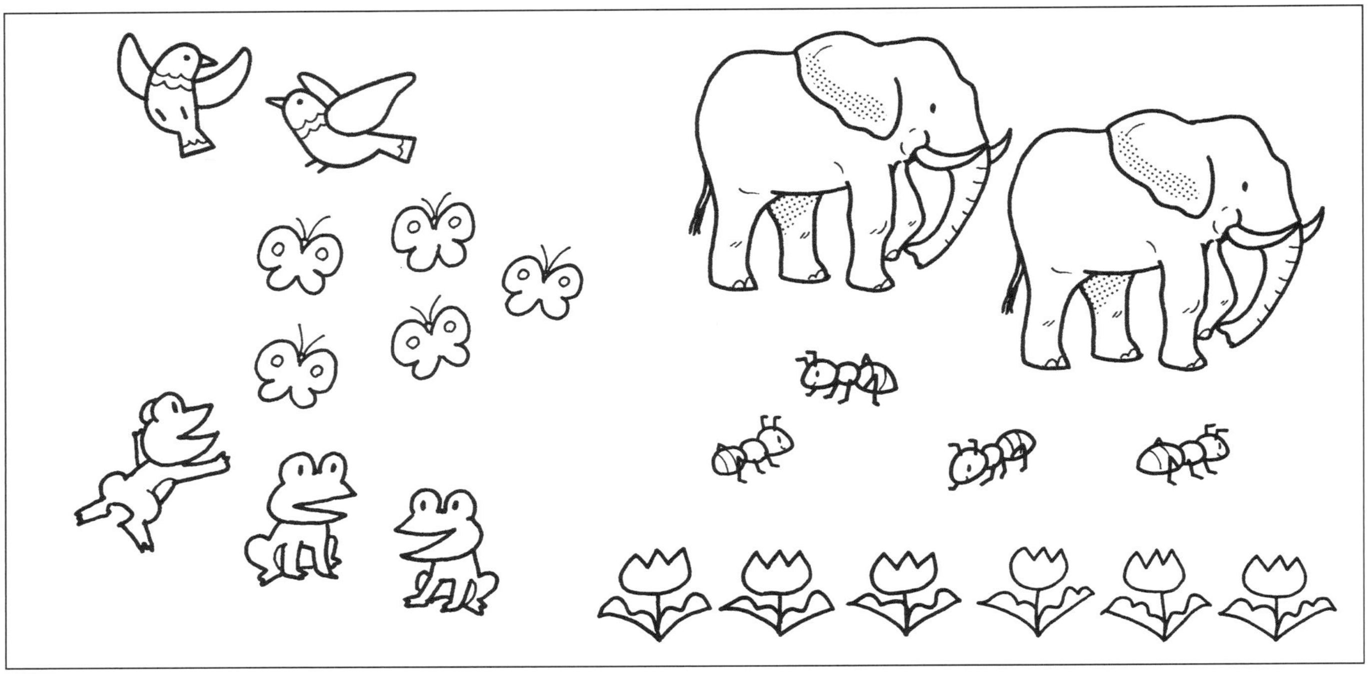

1　えの　かずだけ　□に　いろを　ぬりましょう。（20 × 3）

 ぞうの　かず　➡ □□□□□

 かえるの　かず　➡ □□□□□

 ありの　かず　➡ □□□□□

2　おおい　ほうに　○を　つけましょう。（20 × 2）

(1)

（　） 

（　） 

(2)

（　） 

（　） 

（A3 141%・B4 122%拡大）

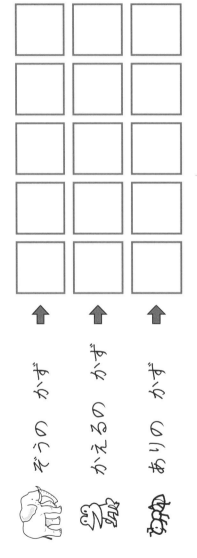

5までのかず

なまえ

1　えの　かずだけ　□に　すうじを　かきましょう。(10×5)

(1) □

(2) □

(3) □

(4) □

(5) □

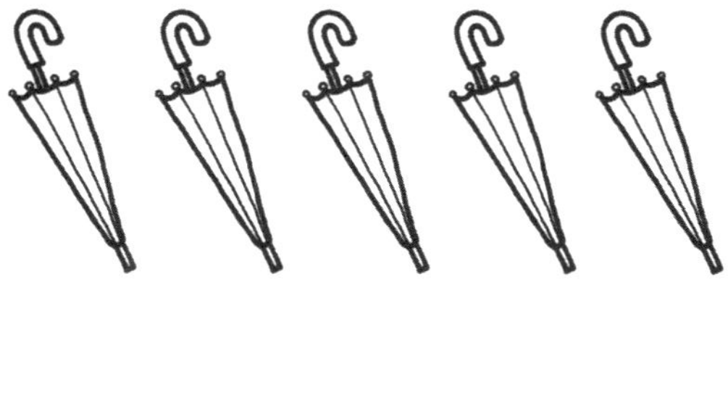

2　おおい　ほうに　○を　つけましょう。(10×3)

(1)

(2)

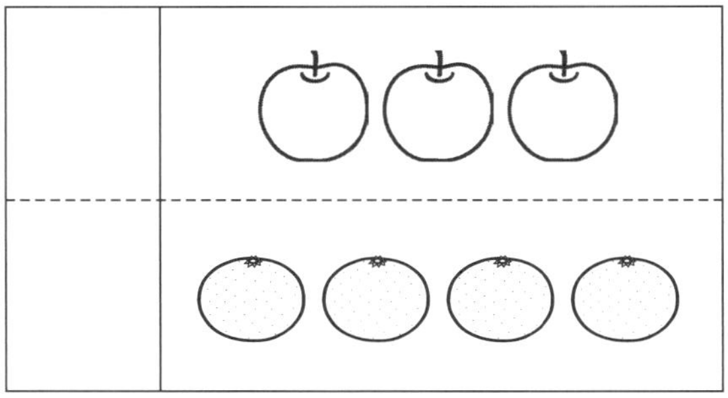

(3)

3　かずが　おなじ　ものを　せんで　むすびましょう。(20)

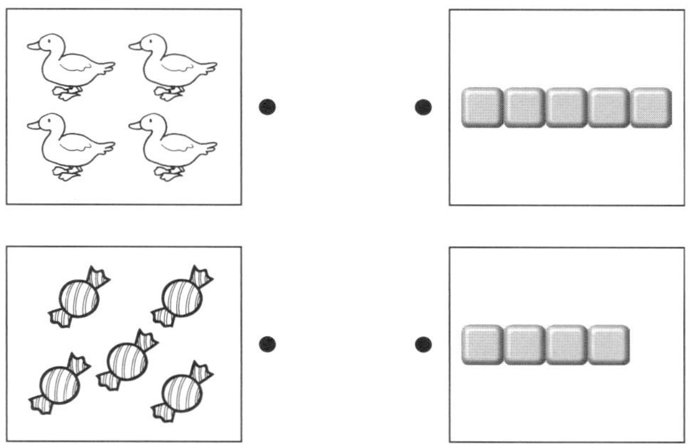

(A3 141%・B4 122%拡大)

月　日

5までのかず

なまえ

1 えの　かずだけ　□に　すうじを　かきましょう。(5×6)

(1) □ 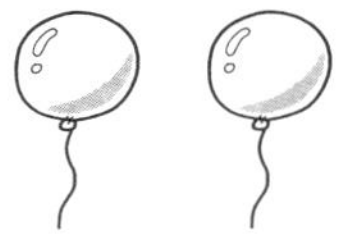

(2) □ 

(3) □ 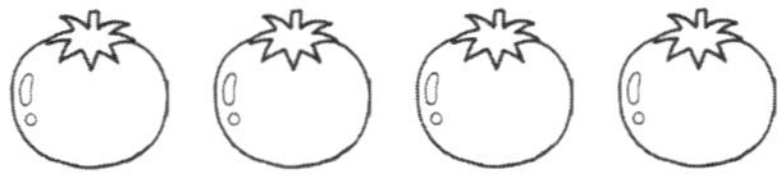

(4) □ 

(5) □ 

(6) □ 

2 かずだけ　□に　いろを　ぬりましょう。(5×4)

(1) 2 □□□□□

(2) 4 □□□□□

(3) 3 □□□□□

(4) 5 □□□□□

3 おおい　ほうに　○を　つけましょう。(8×4)

(1) 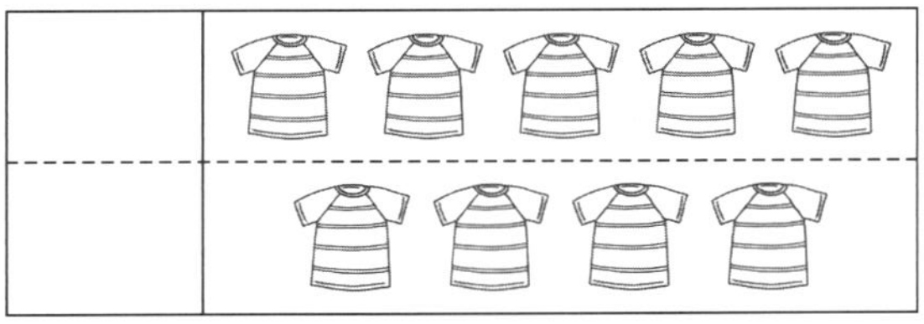

(2) 

(3) 

(4) 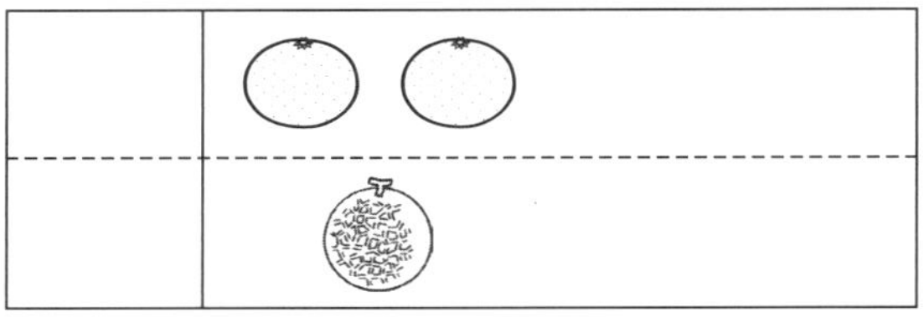

4 かずが　おなじ　ものを　せんで　むすびましょう。(6×3)

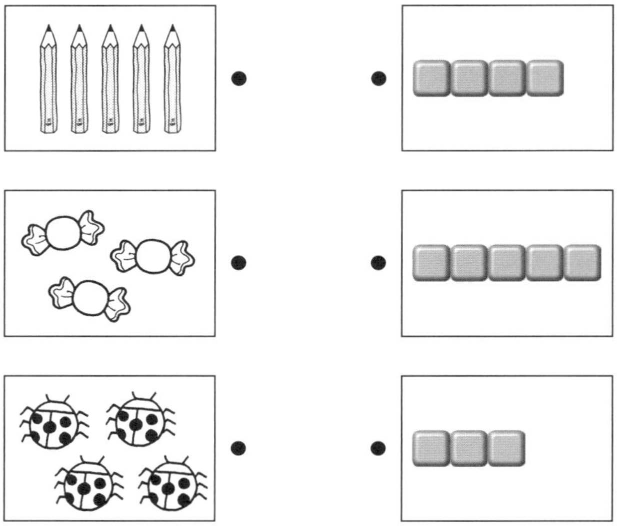

(A3 141%・B4 122%拡大)

月　日

9までのかず

なまえ

1 えの かずだけ □に すうじを かきましょう。(10×5)

(1) □ 

(2) □ 

(3) □ 

(4) □ 

(5) □ あの りんごの かず

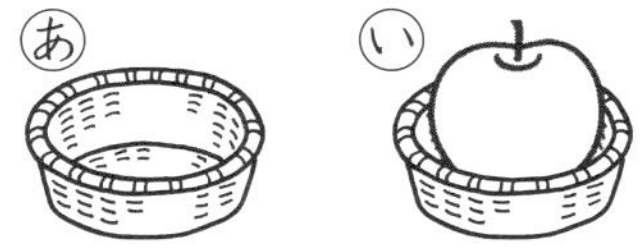

2 かずだけ □に いろを ぬりましょう。(5×2)

(1) 6 □□□□□ □□□□□

(2) 8 □□□□□ □□□□□

3 おおい ほうに ○を つけましょう。(10×3)

(1) 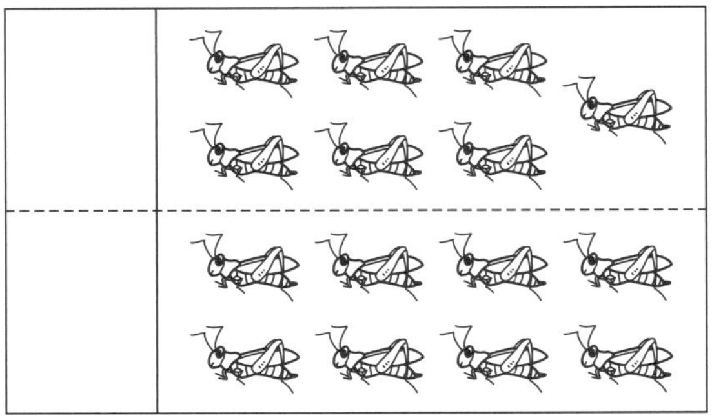

(2) 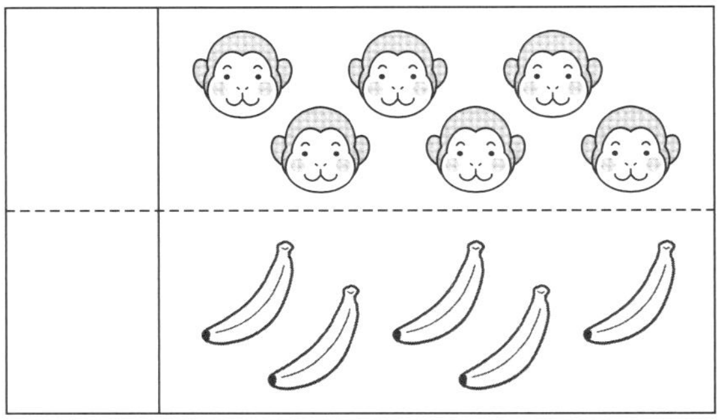

(3) 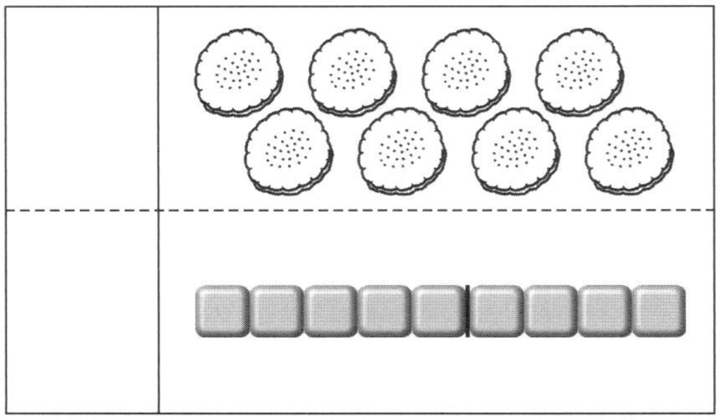

4 かずが おなじ ものを せんで むすびましょう。(10)

7 ・　・ 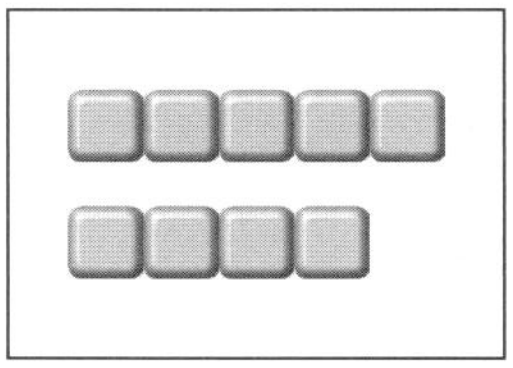

9 ・　・ 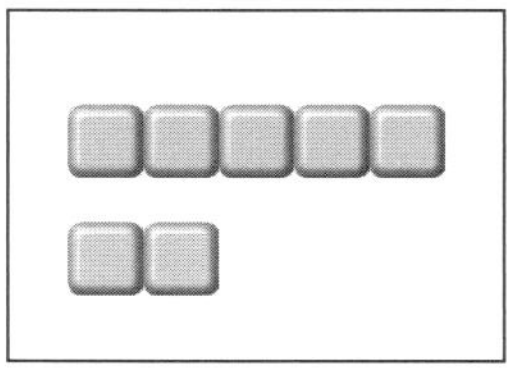

(A3 141%・B4 122%拡大)

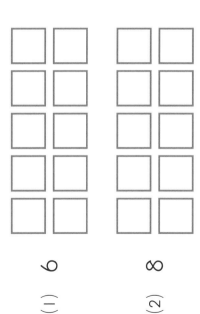

10までのかず

なまえ

1　えの　かずだけ　□に　すうじを　かきましょう。(5 × 6)

(1) □ 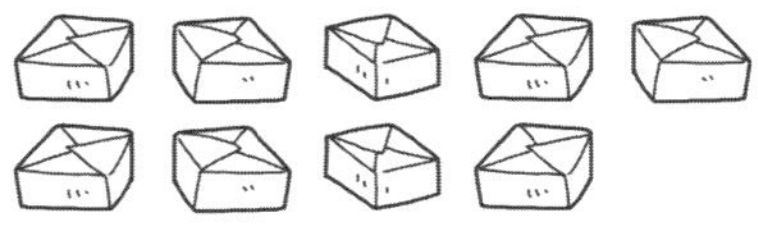

(2) □ 

(3) □ 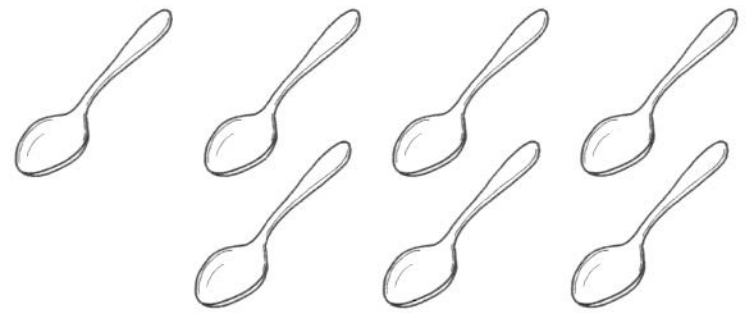

(4) □ 

(5) □ 

(6) □ ㋐の　みかんの　かず

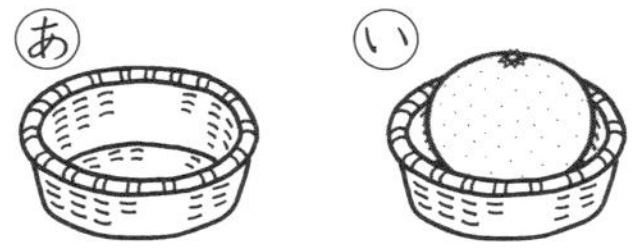

2　かずだけ　□に　いろを　ぬりましょう。(10 × 2)

(1) 7 □□□□□ □□□□□

(2) 10 □□□□□ □□□□□

3　おおい　ほうに　○を　つけましょう。(5 × 5)

(1) 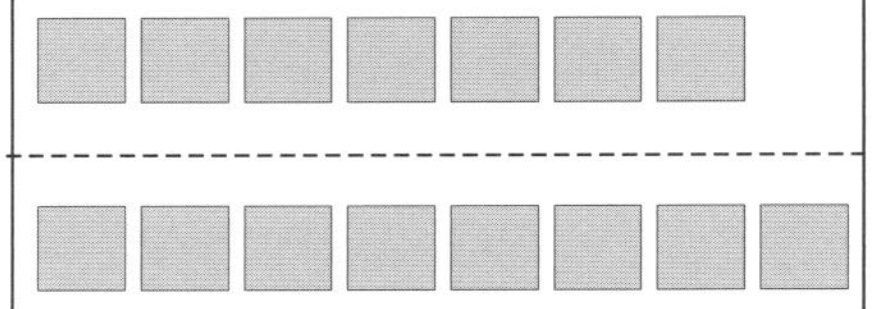

(2) 

(3) 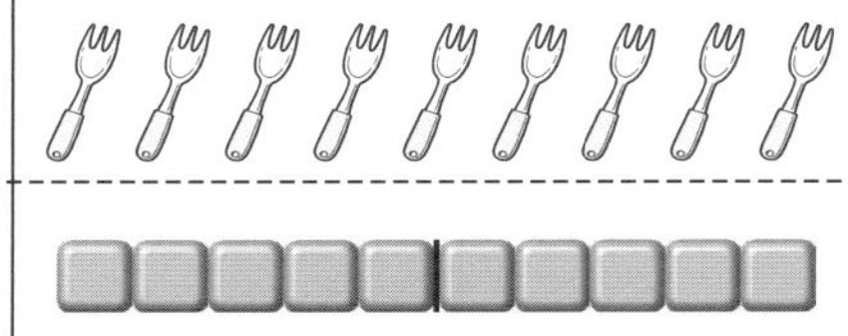

(4)

8	10

(5)

7	8

4　かずが　おなじ　ものを　せんで　むすびましょう。(5 × 5)

7 ・　　・ 

9 ・　　・ 

10 ・　　・ 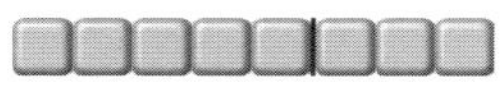

6 ・　　・ 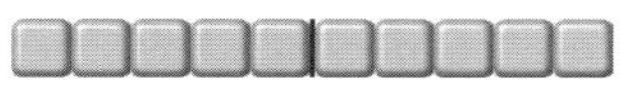

8 ・　　・ 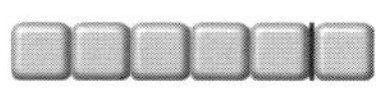

(A3 141%・B4 122%拡大)

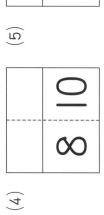

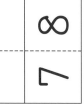

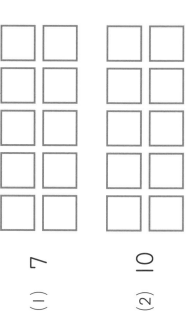

月　　日

10 までのかず

なまえ

1 いくつと　いくつに　なりますか。
□に　あてはまる　かずを　かきましょう。(10×4)

(1) 9 → 5 と □

(2) 8 → 5 と □

(3) 5 → □ と 3

(4) 6 → 2 と □

2 □に　あてはまる　かずを　かきましょう。(10×6)

(1) 7 → 5 と □

(2) 9 → 6 と □

(3) 6 → 1 と □

(4) 8 → □ と 4

(5) 10 → 5 と □

(6) 10 → □ と 3

(A3 141%・B4 122%拡大)

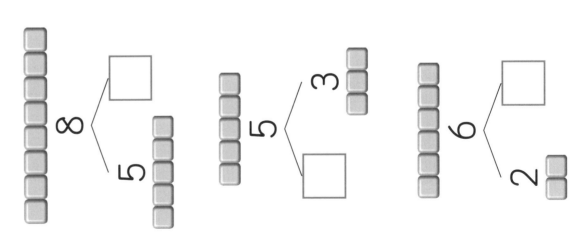

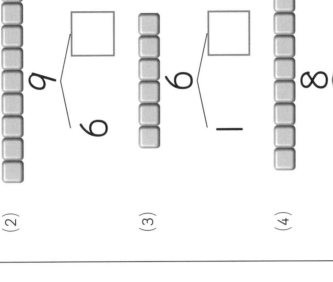

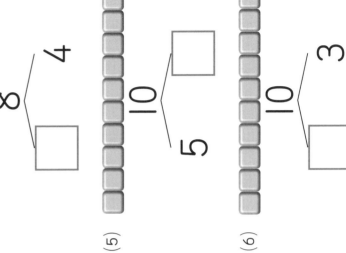

知識技能 B

月　日

なんばんめ

なまえ

1 ⬭で　かこみましょう。（10×7）

(1) まえから　3にんめ

まえ 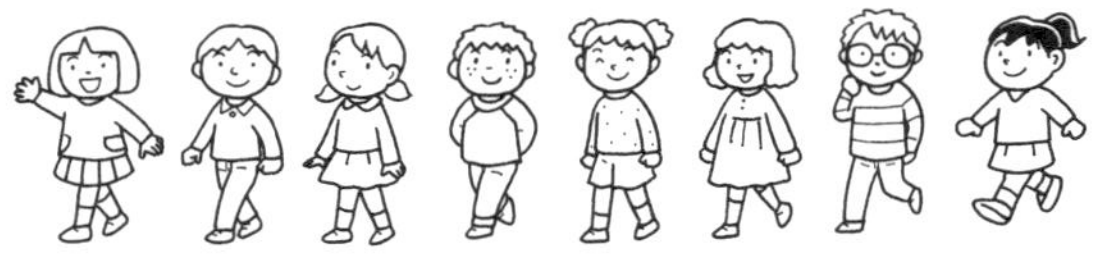 うしろ

(2) まえから　3にん

まえ  うしろ

(3) うしろから　5にんめ

まえ  うしろ

(4) うしろから　5にん

まえ  うしろ

(5) ひだりから　7にんめ

ひだり  みぎ

(6) みぎから　6にんめ

ひだり  みぎ

(7) ひだりから　4にん

ひだり  みぎ

2 つぎの　くだものを　かきましょう。（10×3）

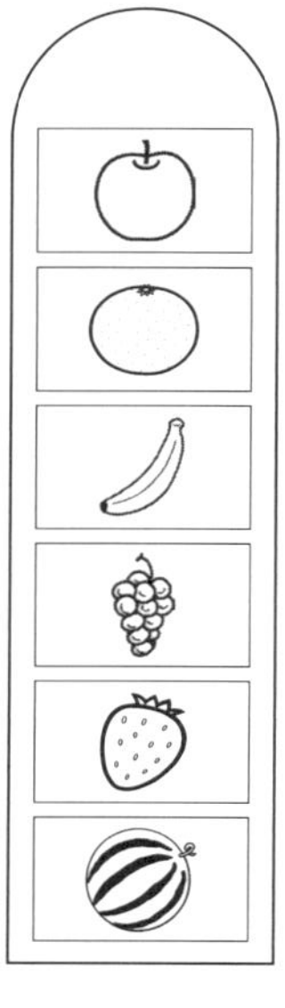

りんご

みかん

ばなな

ぶどう

いちご

すいか

(1) うえから　3ばんめの　くだもの

(2) したから　3ばんめの　くだもの

(3) うえから　2この　くだもの

と

（A3 141%・B4 122%拡大）

月　日

5までのたしざん

なまえ

1 えを　みて，□に　かずを　かきましょう。(10×5)

(1) あめ

□ こ　　□ こ

あわせると □ こ

(2) はな

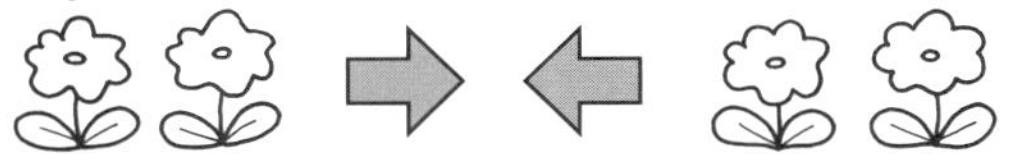

□ ほん　　□ ほん

あわせると □ ほん

(3) さかな

□ ぴき　　□ びき

ふえると □ ひき

(4) くるま

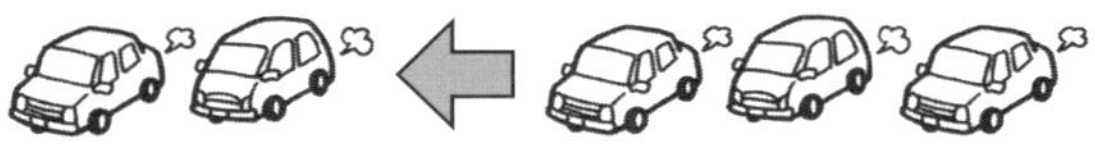

□ だい　　□ だい

ふえると □ だい

(5) ぶろっく

□ こ　　□ こ

あわせると □ こ

2 たしざんを　しましょう。(5×10)

(1) $2 + 1 =$

(2) $1 + 3 =$

(3) $2 + 2 =$

(4) $1 + 1 =$

(5) $3 + 1 =$

(6) $4 + 1 =$

(7) $1 + 2 =$

(8) $3 + 2 =$

(9) $1 + 4 =$

(10) $2 + 3 =$

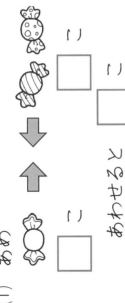

5までのたしざん

なまえ ＿＿＿＿＿＿

● うすく　かいて　ある　もじや　＋，＝は　なぞりましょう。

1　あわせると　なんびきですか。(10×2)

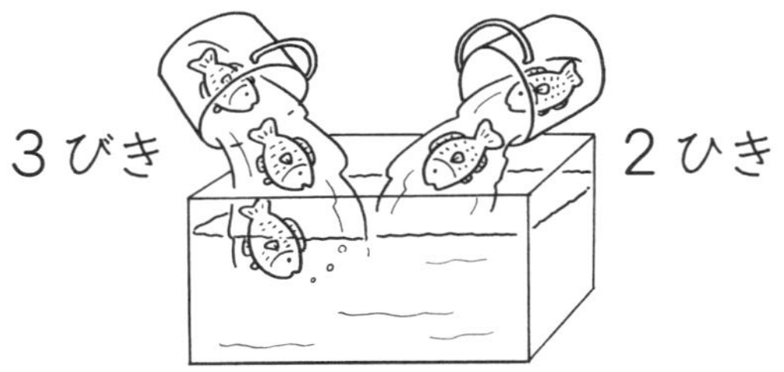

(1)　しきを　かきましょう。

□＋□＝□

(2)　こたえを　かきましょう。

こたえ □ひき

2　あわせると　なんこですか。(10×2)

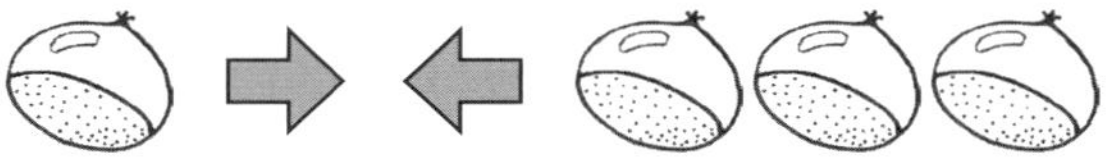

(1)　しきを　かきましょう。

□＋□＝□

(2)　こたえを　かきましょう。

こたえ □こ

3　あわせると　なんこですか。(10×2)

(1)　しきを　かきましょう。

□＋□＝□

(2)　こたえを　かきましょう。

こたえ □こ

4　ふえると　なんにんですか。(10×2)

(1)　しきを　かきましょう。

□＋□＝□

(2)　こたえを　かきましょう。

こたえ □にん

5　ふえると　なんぼんですか。(10×2)

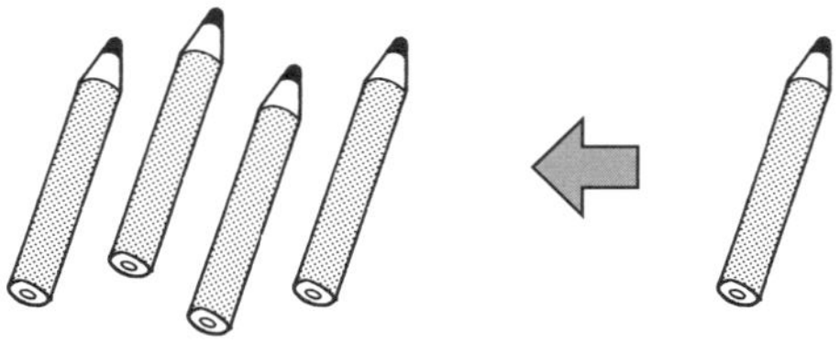

(1)　しきを　かきましょう。

□＋□＝□

(2)　こたえを　かきましょう。

こたえ □ほん

(A3 141%・B4 122%拡大)

月　日

5 までのたしざん

なまえ ＿＿＿＿＿＿＿＿

1　えを　みて，□に　かずを　かきましょう。(5 × 3)

(1)　らいおん

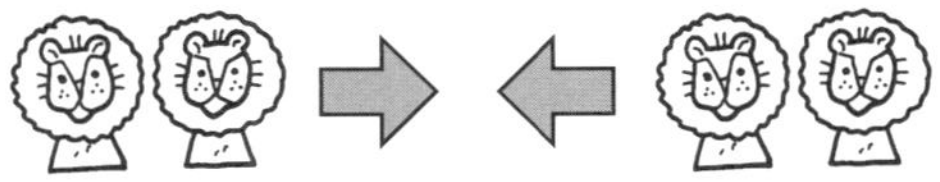

□ とう　□ とう

あわせると □ とう

(2)　たまご

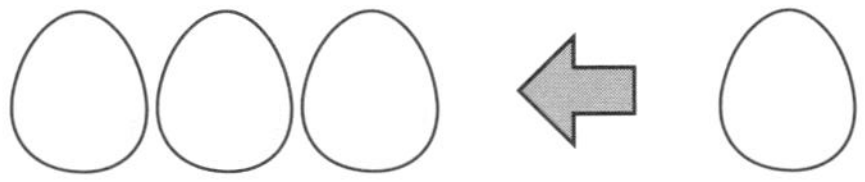

□ こ　□ こ

ふえると □ こ

(3)　きんぎょ

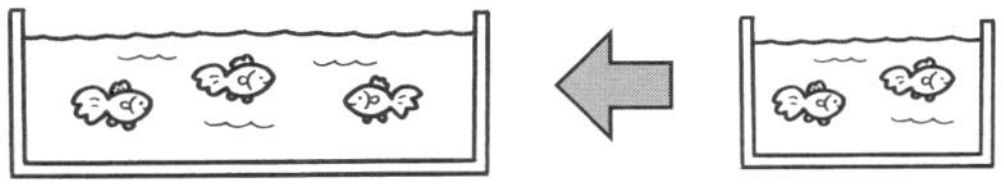

□ びき　□ ひき

ふえると □ ひき

2　えと　こたえを　せんで　むすびましょう。(5 × 4)

(1)  •　　• 2

(2) 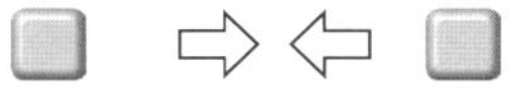 •　　• 4

(3) 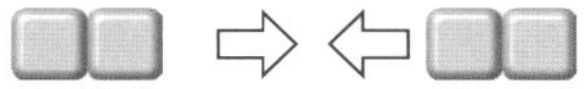 •　　• 5

(4)  •　　• 3

3　たしざんを　しましょう。(5 × 10)

(1)　2 + 2 =

(2)　1 + 4 =

(3)　1 + 2 =

(4)　3 + 1 =

(5)　2 + 3 =

(6)　4 + 1 =

(7)　1 + 3 =

(8)　3 + 2 =

(9)　2 + 1 =

(10)　1 + 1 =

4　しきと　こたえを　せんで　むすびましょう。(5 × 3)

1 + 3	•	•	3
2 + 3	•	•	4
2 + 1	•	•	5

(A3 141%・B4 122%拡大)

5までのたしざん

なまえ

1　あわせると　なんこですか。(10×2)

しき

こたえ　□　こ

2　あわせると　なんにんですか。(10×2)

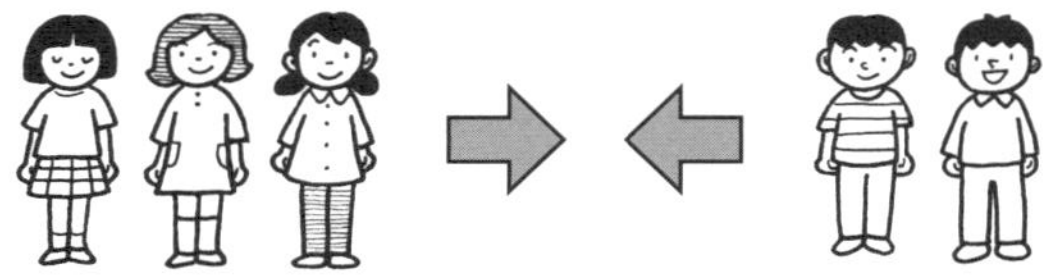

しき

こたえ　□　にん

3　しろい　ふうせんが　1こ
あります。あかい　ふうせんが
3こ　あります。
あわせると　なんこに　なりますか。(10×2)

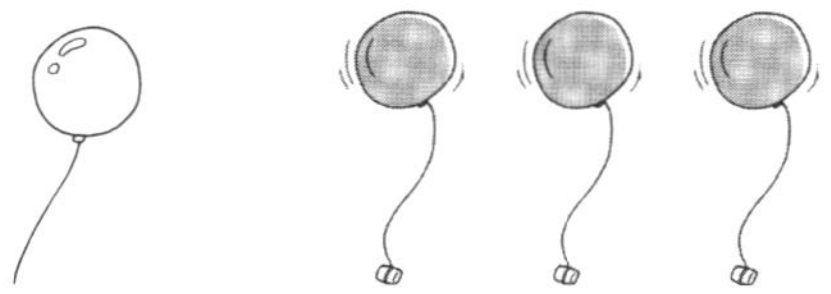

しき

こたえ　□　こ

4　ふえると　なんこですか。(10×2)

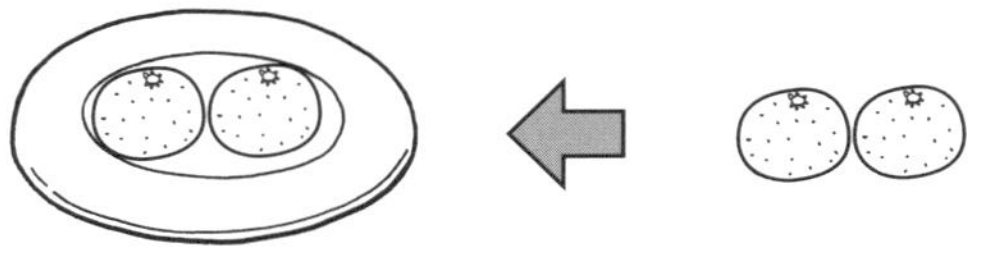

しき

こたえ　□　こ

5　とりが　1わ　います。
4わ　きました。
とりは　ぜんぶで　なんわに
なりましたか。(10×2)

しき

こたえ　□　わ

(A3 141%・B4 122%拡大)

月　　日

5までのひきざん

なまえ

1　えを　みて，□に　かずを　かきましょう。(5×10)

(1)

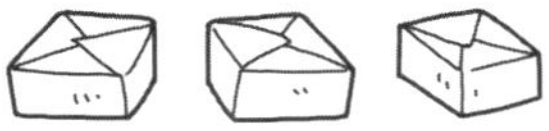

あめが □ こ　あります。

□ こ　たべました。

のこりは □ こです。

(2)

ばなながが □ ほん　あります。

□ ほん　たべました。

のこりは □ ほんです。

(3)

くるまが □ だい　あります。

2だい　でて　いきました。

のこりは □ だいです。

(4)

□ こ　あります。

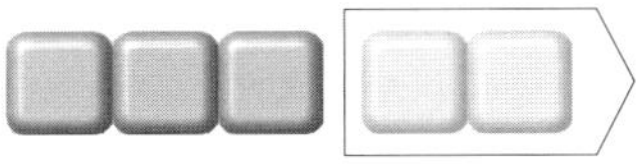

2こ　とりました。

のこりは □ こです。

2　ひきざんを　しましょう。(5×10)

(1) $2-1=$

(2) $3-2=$

(3) $3-1=$

(4) $5-3=$

(5) $4-2=$

(6) $4-1=$

(7) $4-3=$

(8) $5-1=$

(9) $5-2=$

(10) $5-4=$

(A3 141%・B4 122%拡大)

5までのひきざん

なまえ

● うすく　かいて　ある　もじや　－，＝は　なぞりましょう。

1 のこりの　いちごは　なんこですか。（10×2）

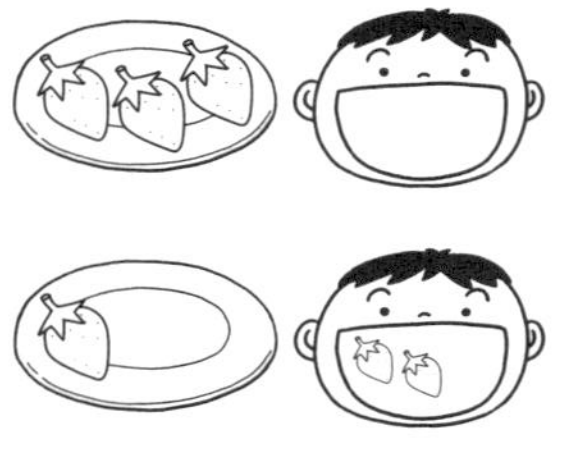

3こ　ありました。

2こ　たべました。

(1) しきを　かきましょう。

□ － □ ＝ □

(2) こたえを　かきましょう。

こたえ　□こ

2 のこりの　おりがみは　なんまいですか。（10×2）

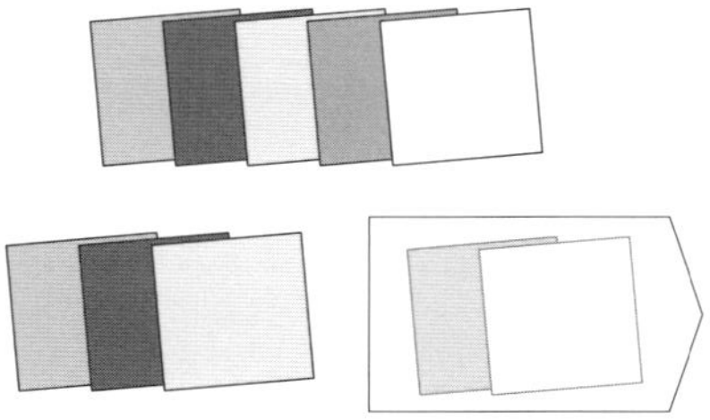

5まい　ありました。

2まい　つかいました。

(1) しきを　かきましょう。

□ － □ ＝ □

(2) こたえを　かきましょう。

こたえ　□まい

3 しきと　こたえを　かきましょう。（10×6）

(1) ぱんが　4こ　ありました。
2こ　たべました。
のこりは　なんこですか。

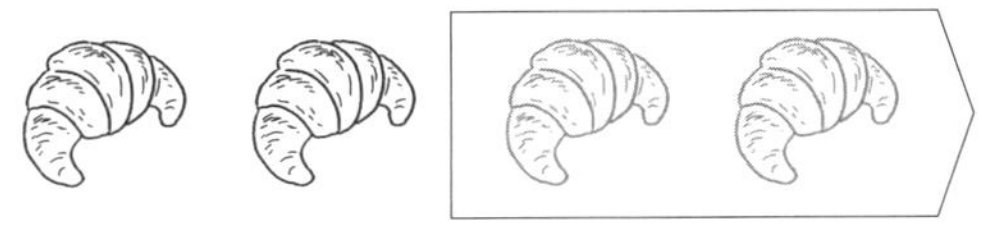

しき　□ － □ ＝ □

こたえ　□こ

(2) ちょうが　5ひき　いました。
1ぴき　とんで　いきました。
のこりは　なんびきですか。

しき　□ － □ ＝ □

こたえ　□ひき

(3) どんぐりが　5こ　ありました。
りすが　4こ　たべました。
のこりは　なんこですか。

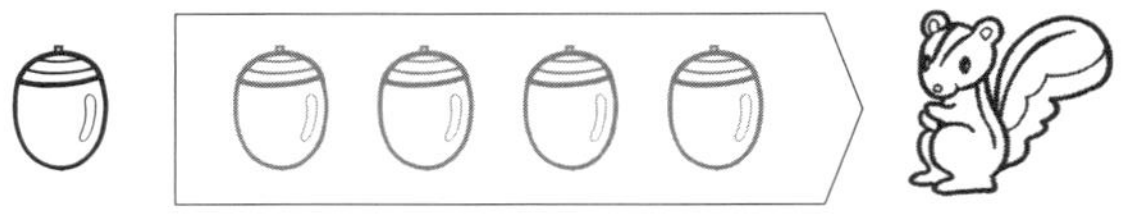

しき　□ － □ ＝ □

こたえ　□こ

（A3 141%・B4 122%拡大）

5までのひきざん

なまえ

1　えを　みて，□に　かずを　かきましょう。(5×7)

(1) 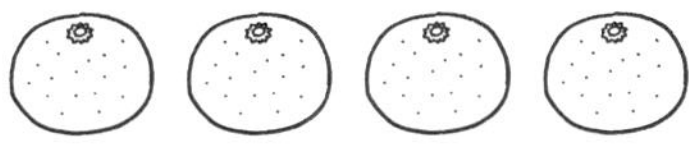

みかんが □ こ　あります。

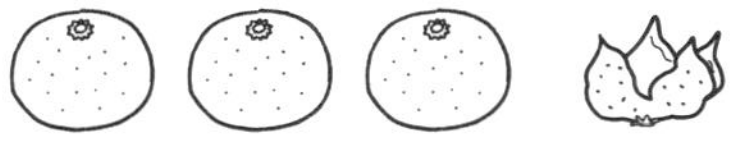

□ こ　たべました。

のこりは □ こです。

(2) 

こどもが □ にん　います。

ふたり　かえりました。

のこりは □ にんです。

(3) 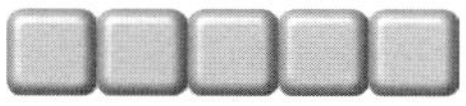

5こあります。

□ こ　なくなると

のこりは □ こです。

2　えと　しきを　せんで　むすびましょう。(5×3)

(1) 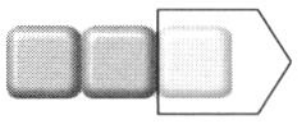 •　　• 5 − 3

(2) 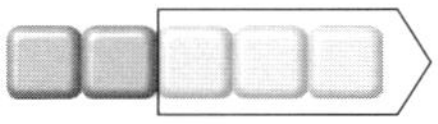 •　　• 4 − 2

(3) 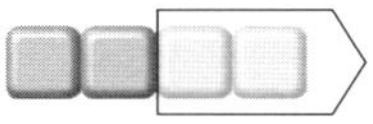 •　　• 3 − 1

3　ひきざんを　しましょう。(5×10)

(1) 4 − 1 =

(2) 3 − 2 =

(3) 2 − 1 =

(4) 4 − 3 =

(5) 5 − 2 =

(6) 5 − 1 =

(7) 4 − 2 =

(8) 5 − 4 =

(9) 5 − 3 =

(10) 3 − 1 =

(A3 141%・B4 122%拡大)

月　日

5までのひきざん

なまえ

1 みかんが　5こ　ありました。
2こ　たべました。
のこりは　なんこですか。(10×2)

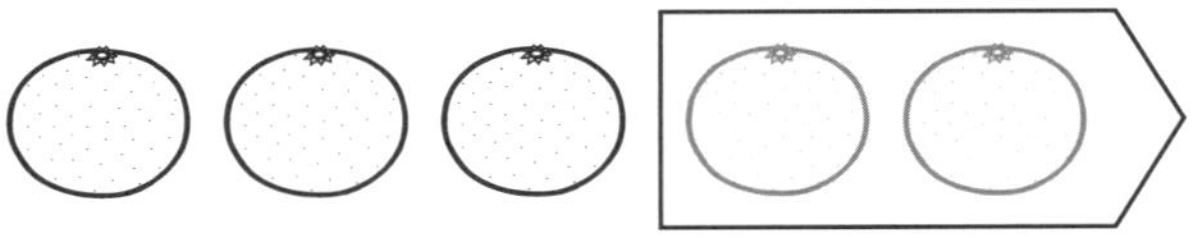

しき

こたえ　□　こ

2 せみが　4ひき　いました。
3びき　とんで　いきました。
のこりは　なんびきですか。(10×2)

しき

こたえ　□　ぴき

3 さんりんしゃが　3だい
ありました。
1だい　でて　いきました。
のこりは　なんだいですか。(10×2)

しき

こたえ　□　だい

4 すいかが　5こ　ありました。
1こ　あげました。
のこりは　なんこですか。(10×2)

しき

こたえ　□　こ

5 とりが　4わ　いました。
2わ　とんで　いきました。
のこりは　なんわですか。(10×2)

しき

こたえ　□　わ

(A3 141%・B4 122%拡大)

　　月　　日

9までのたしざん

なまえ ______________________

□1　えを　みて，□に　かずを　かきましょう。（10×4）

(1)　クッキー

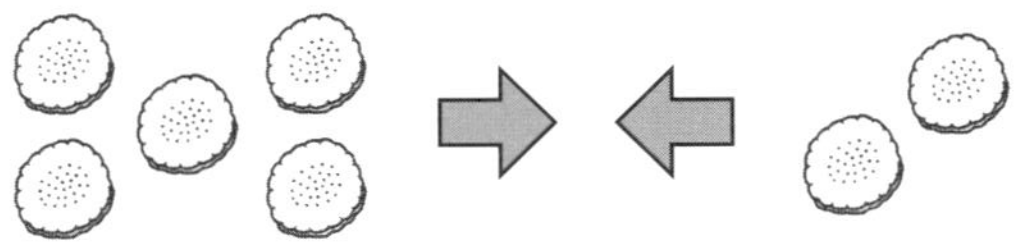

□ まい　　□ まい

あわせると　□ まい

(2)　どんぐり

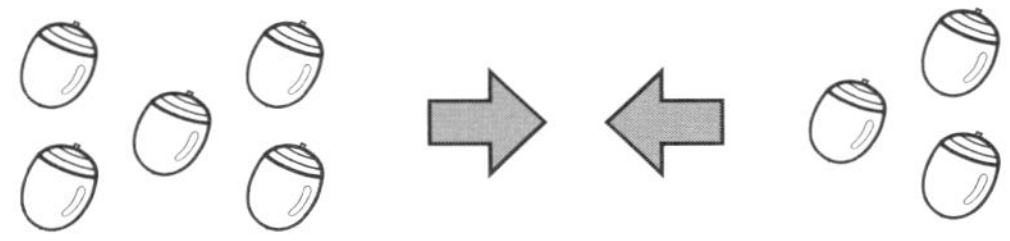

□ こ　　□ こ

あわせると　□ こ

(3)　さる

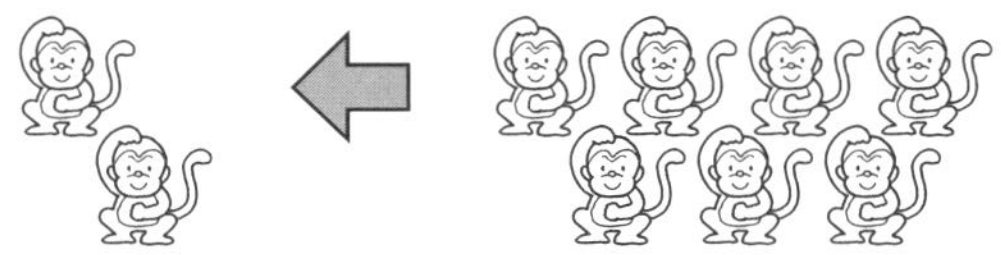

□ ひき　　□ ひき

ふえると　□ ひき

(4)　ばった

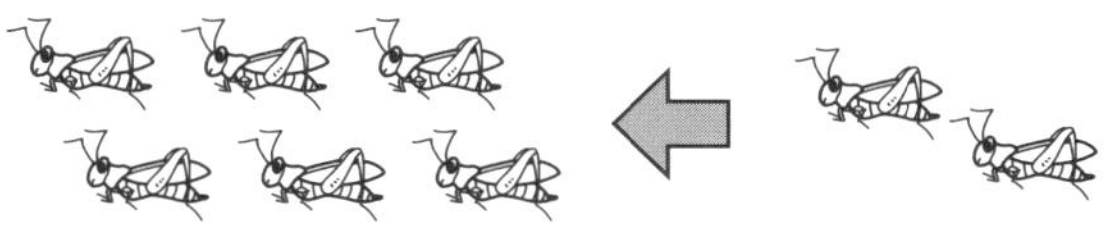

□ ぴき　　□ ひき

ふえると　□ ひき

□2　えと　こたえを　せんで　むすびましょう。（6×3）

(1)

・　・ 7

(2)

・　・ 8

(3)

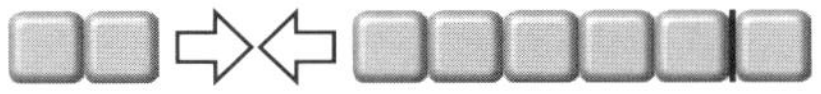

・　・ 6

□3　たしざんを　しましょう。（6×7）

(1)　5 ＋ 4 ＝

(2)　6 ＋ 3 ＝

(3)　2 ＋ 7 ＝

(4)　1 ＋ 6 ＝

(5)　3 ＋ 3 ＝

(6)　4 ＋ 3 ＝

(7)　2 ＋ 4 ＝

(A3 141%・B4 122%拡大)

月　　日

9までのたしざん

なまえ

● うすく　かいてある　もじや　＋，＝は　なぞりましょう。

1　あわせると　なんびきですか。（10×2）

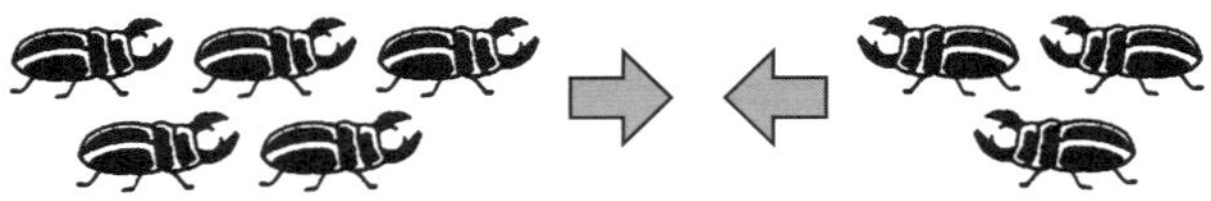

(1)　しきを　かきましょう。

□＋□＝□

(2)　こたえを　かきましょう。

こたえ　□ひき

2　あわせると　なんこですか。（10×2）

(1)　しきを　かきましょう。

□＋□＝□

(2)　こたえを　かきましょう。

こたえ　□こ

3　いっしょに　なると　なんわですか。（10×2）

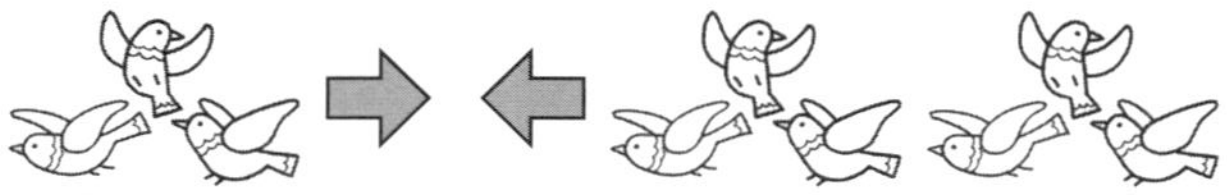

(1)　しきを　かきましょう。

□＋□＝□

(2)　こたえを　かきましょう。

こたえ　□わ

4　ふえると　なんこですか。（10×2）

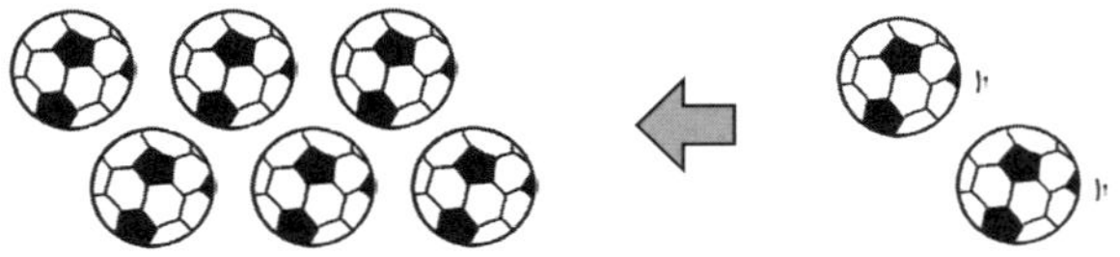

(1)　しきを　かきましょう。

□＋□＝□

(2)　こたえを　かきましょう。

こたえ　□こ

5　ふえると　なんさつですか。（10×2）

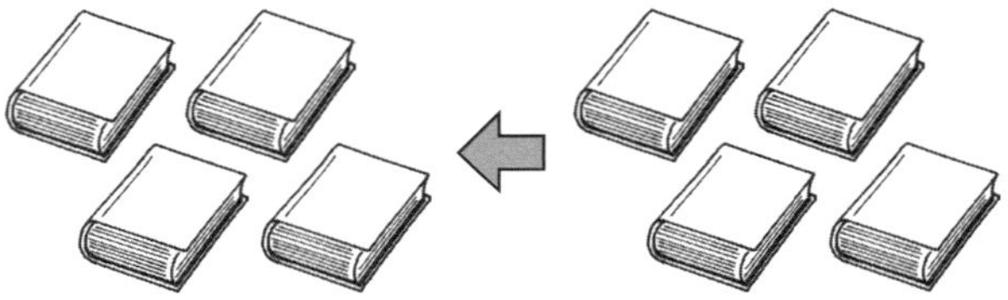

(1)　しきを　かきましょう。

□＋□＝□

(2)　こたえを　かきましょう。

こたえ　□さつ

(A3 141%・B4 122%拡大)

月　日

9までのたしざん

なまえ

1　えを　みて，□に　かずを　かきましょう。(5×3)

(1)　ぼおる

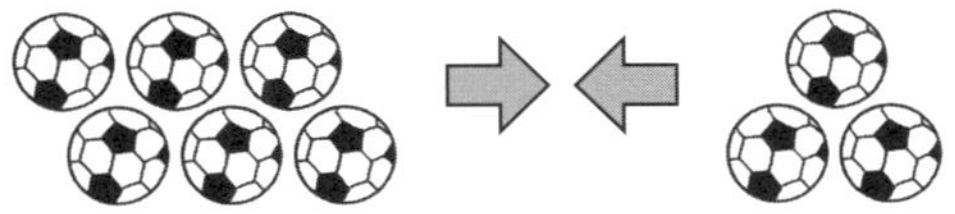

□こ　□こ

あわせると　□こ

(2)　はな

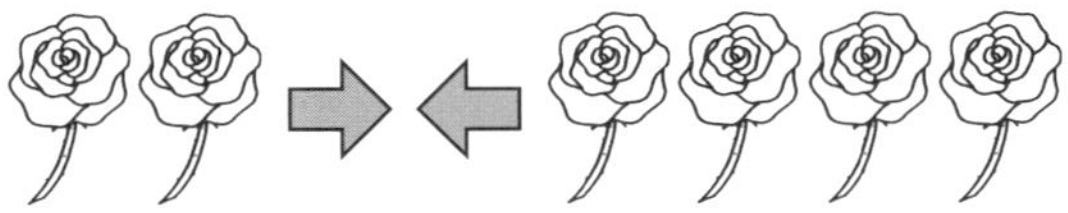

□ほん　□ほん

あわせると　□ぽん

(3)　かえる

□びき　□ひき

ふえると　□ひき

2　えと　こたえを　せんで　むすびましょう。(5×4)

(1) 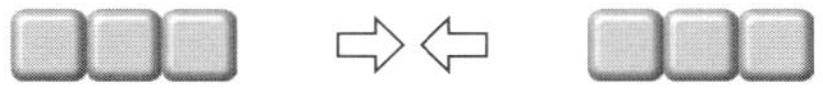 ・　・ 9

(2)  ・　・ 8

(3)  ・　・ 6

(4) 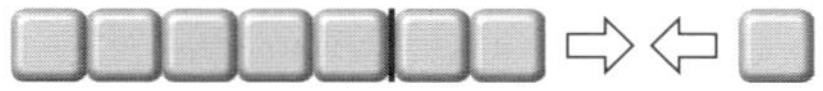 ・　・ 7

3　しきと　こたえを　せんで　むすびましょう。(5×3)

(1)　1＋8 ・　・ 6

(2)　2＋6 ・　・ 8

(3)　4＋2 ・　・ 9

4　たしざんを　しましょう。(5×10)

(1)　5 ＋ 3 ＝

(2)　2 ＋ 7 ＝

(3)　6 ＋ 2 ＝

(4)　4 ＋ 5 ＝

(5)　3 ＋ 4 ＝

(6)　3 ＋ 6 ＝

(7)　5 ＋ 4 ＝

(8)　5 ＋ 2 ＝

(9)　4 ＋ 4 ＝

(10)　4 ＋ 2 ＝

(A3 141%・B4 122%拡大)

月　日

9までのたしざん

なまえ

1　あわせると　なんこですか。(10×2)

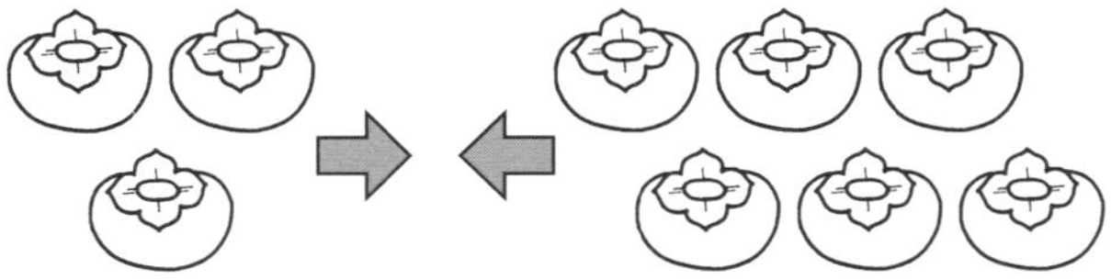

しき

こたえ　□　こ

2　いっしょに　なると　なんびきですか。(10×2)

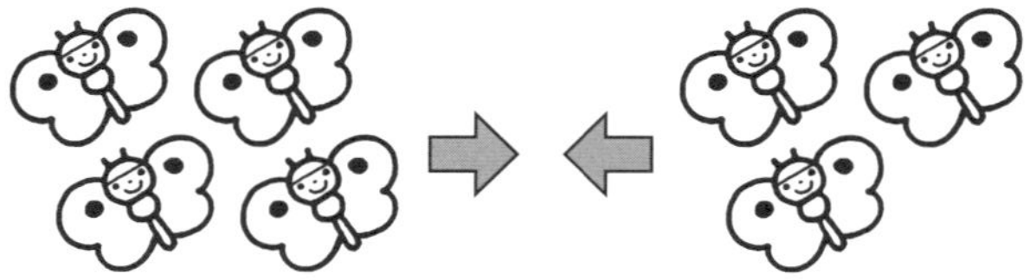

しき

こたえ　□　ひき

3　わたしは　2ひき　さかなを
つりました。おとうさんは
4ひき　つりました。
あわせると　なんびきに　なりますか。(10×2)

しき

こたえ　□　ぴき

4　ふえると　なんびきですか。(10×2)

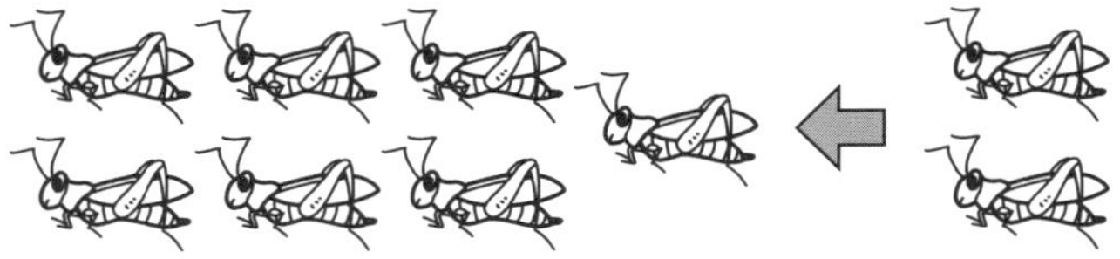

しき

こたえ　□　ひき

5　ばななが　3ぼん　あります。
3ぼん　もらいました。
ばななは　ぜんぶで　なんぼんに
なりますか。(10×2)

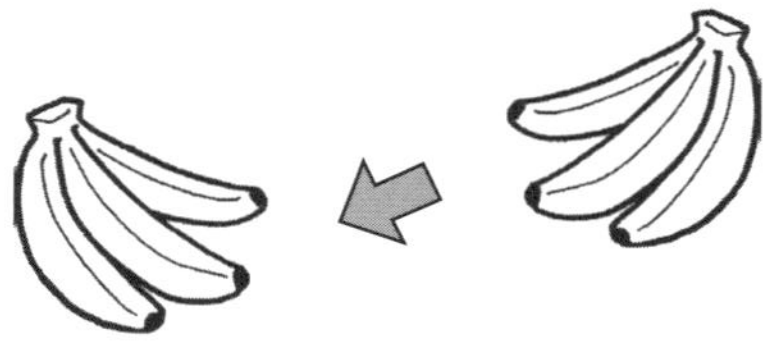

しき

こたえ　□　ぼん

(A3 141%・B4 122%拡大)

10までのたしざん

なまえ

● うすく　かいて　ある　すうじや　＋，＝は　なぞりましょう。

1　あわせると　いくつに　なりますか。(5×3)

(1) □に　あめの　かずを　かきましょう。

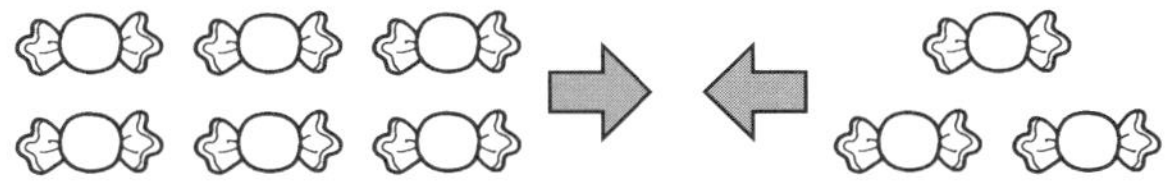

□こ　　□こ

(2) しきを　かきましょう。

□

(3) こたえを　かきましょう。

こたえ □こ

2　しきと　こたえを　かきましょう。(5×8)

(1)

しき □　こたえ □

(2)

しき □　こたえ □

(3)

しき □　こたえ □

(4)

しき □　こたえ □

3　10が　あります。みえて　いる　かずと　かくれて　いる　かずを　あわせて　10に　なる　しきを　かきましょう。(5×3)

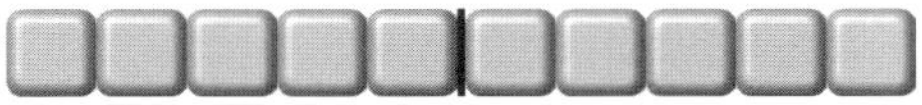

(1)

みえて　いる　かず　　かくれて　いる　かず

□＋□＝10

(2)

みえて　いる　かず　　かくれて　いる　かず

□＋□＝10

(3)

みえて　いる　かず　　かくれて　いる　かず

□＋□＝10

4　たしざんを　しましょう。(5×6)

(1) 4＋5＝

(2) 6＋4＝

(3) 4＋4＝

(4) 1＋9＝

(5) 7＋0＝

(6) 7＋3＝

(A3 141%・B4 122%拡大)

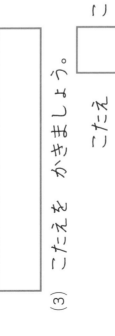

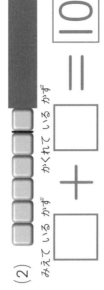

10までのたしざん

なまえ

● うすく　かいて　ある　もじや　＋，＝は　なぞりましょう。

1　ふえると　なんにんですか。（10×2）

(1)　しきを　かきましょう。

□＋□＝□

(2)　こたえを　かきましょう。

こたえ　□にん

2　つなぐと　なんりょうですか。（10×2）

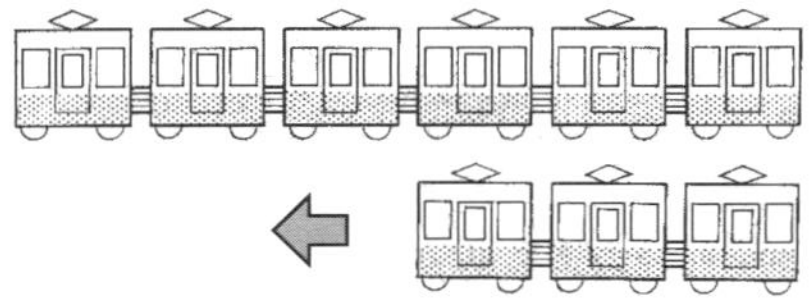

(1)　しきを　かきましょう。

□＋□＝□

(2)　こたえを　かきましょう。

こたえ　□りょう

3　あわせると　なんこですか。（10×2）

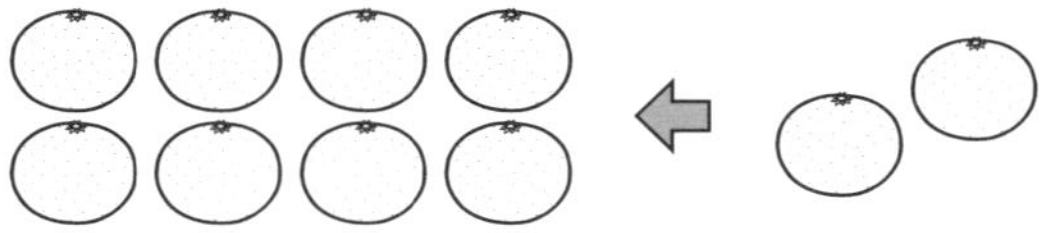

(1)　しきを　かきましょう。

□＋□＝□

(2)　こたえを　かきましょう。

こたえ　□こ

4　ちゅうしゃじょうに　くるまが　5だい　とまって　います。そこに，5だい　はいって　きました。
くるまは　あわせて　なんだいに　なりましたか。（10×2）

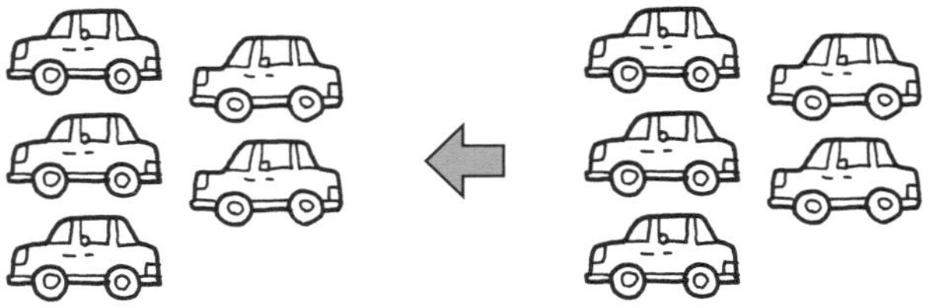

しき　□

こたえ　□だい

5　おとこのこが　4にん　います。おんなのこが　5にん　います。
あわせて　なんにんですか。（10×2）

しき　□

こたえ　□にん

（A3 141%・B4 122%拡大）

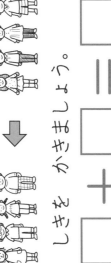

月　日

10 までのたしざん

なまえ

1　ふえると　なんびきに　なりますか。(3 × 4)

(1) □に　さかなの　かずを　かきましょう。

□ ぴき　□ ひき

(2) しきを　かきましょう。

□

(3) こたえを　かきましょう。

こたえ □ ぴき

2　しきと　こたえを　かきましょう。(4 × 5)

(1) 

しき □　こたえ □

(2) 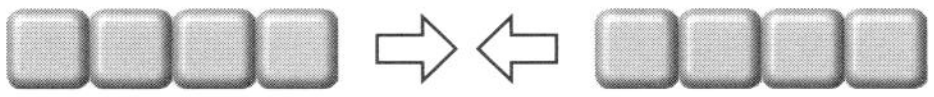

しき □　こたえ □

(3) 

しき □　こたえ □

(4) 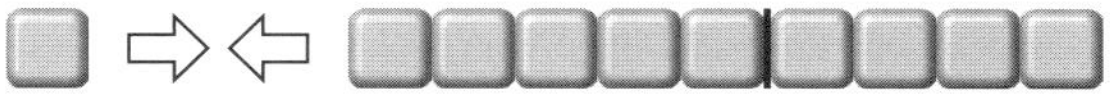

しき □　こたえ □

(5) 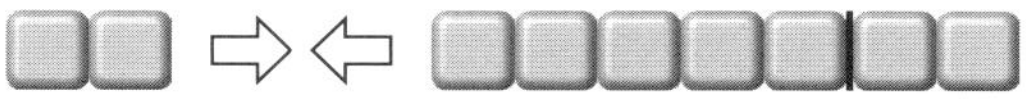

しき □　こたえ □

3　たしざんを　しましょう。(4 × 17)

(1) 5 + 5 =

(2) 3 + 4 =

(3) 8 + 2 =

(4) 4 + 5 =

(5) 8 + 0 =

(6) 9 + 1 =

(7) 2 + 6 =

(8) 6 + 3 =

(9) 0 + 0 =

(10) 3 + 7 =

(11) 4 + 6 =

(12) 3 + 3 =

(13) 4 + 2 =

(14) 6 + 4 =

(15) 2 + 8 =

(16) 4 + 4 =

(17) 10 + 0 =

(A3 141%・B4 122%拡大)

10までのたしざん

なまえ

1　ふえると　なんびきですか。(5×2)

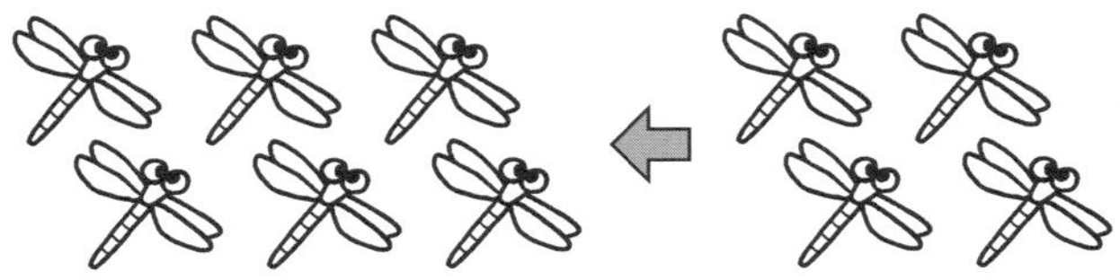

(1)　しきを　かきましょう。

(2)　こたえを　かきましょう。

こたえ　□　ぴき

2　あわせると　なんぼんですか。(5×2)

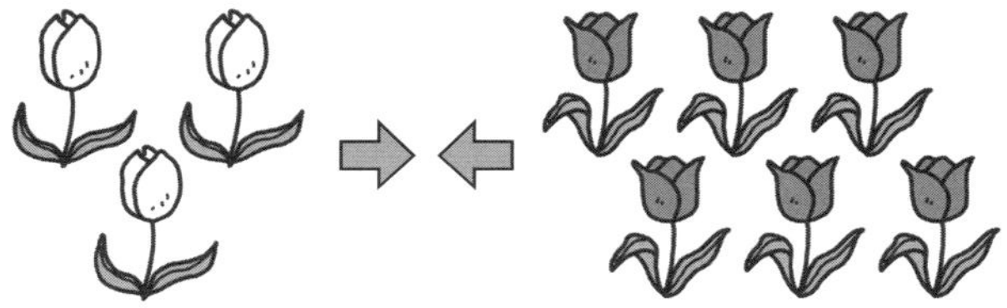

(1)　しきを　かきましょう。

(2)　こたえを　かきましょう。

こたえ　□　ほん

3　おとなが　3にん　います。
こどもが　7にん　います。
あわせて　なんにんですか。(10×2)

しき

こたえ　□　にん

4　きのうは，みかんを　4こ
たべました。きょうも　4こ
たべました。
あわせて　みかんを　なんこ
たべましたか。(10×2)

しき

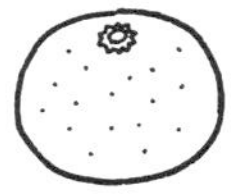

こたえ　□　こ

5　みぎの　ほうに　いすが　2きゃく
あります。ひだりの　ほうに
いすが　8きゃく　あります。
あわせると　いすは　なんきゃく
に　なりますか。(10×2)

しき

こたえ　□　きゃく

6　げえむを　して　1かいめは
7てんでした。
2かいめは　2てんでした。
あわせると　なんてんに
なりますか。(10×2)

しき

こたえ　□　てん

(A3 141%・B4 122%拡大)

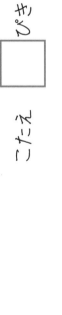

月　日

9までのひきざん

なまえ

● うすく　かいて　ある　すうじや　－，＝は　なぞりましょう。

1　えを　みて　□に　かずを　かき，しきを　つくりましょう。(10×3)

(1) 

ばななが　7ほん　ありました。

□ほん　たべました。

のこりは　□ほんです。

しき　7 － □ ＝ □

(2) 

おりがみが　9まい　あります。
3まい　あげました。

のこりは　□まいです。

しき　9 － □ ＝ □

(3) 

あかい　りんごと　きいろい
りんごが　あわせて　8こ　あります。
あかい　りんごが　5こだと，
きいろい　りんごは

□こです。

しき　8 － □ ＝ □

2　えと　しきを　せんで　むすびましょう。(7×3)

(1) 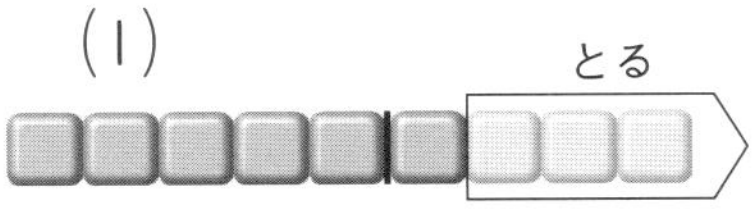

・　・ 8－4

(2) 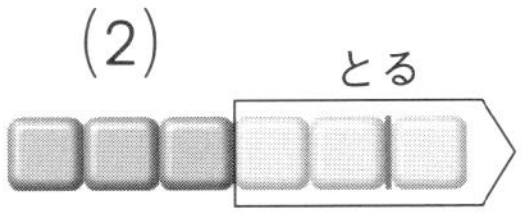

・　・ 9－3

(3) 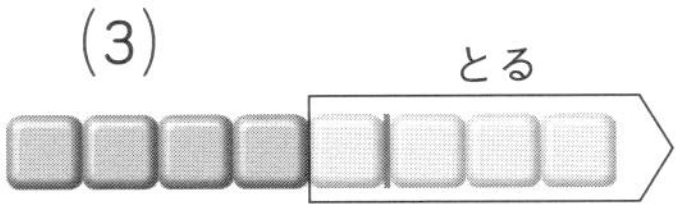

・　・ 6－3

3　ひきざんを　しましょう。(7×7)

(1) 6 － 2 ＝

(2) 7 － 5 ＝

(3) 9 － 4 ＝

(4) 9 － 6 ＝

(5) 8 － 6 ＝

(6) 8 － 4 ＝

(7) 7 － 3 ＝

(A3 141%・B4 122%拡大)

月　日

9までのひきざん

なまえ

● うすく　かいて　ある　もじや　−，＝は　なぞりましょう。

1 おにぎりが　7こ　あります。
2こ　たべます。
のこりは　なんこですか。(10×2)

しき □−□＝□

こたえ □こ

2 かえるが　9ひき　います。
6ぴき　いけに　はいりました。
のこりは　なんびきですか。(10×2)

しき □−□＝□

こたえ □びき

3 じゅうすが　8ほん　ありました。
4ほん　のみました。
のこりは　なんぼんですか。(10×2)

しき □−□＝□

こたえ □ほん

4 おとこのこは　7にん　います。
おんなのこは　4にん　います。
おとこのこの　ほうが　なんにん
おおいですか。(10×2)

(1) しきを　かきましょう。

□−□＝□

(2) こたえを　かきましょう。

こたえ □にん

5 あかい　はなが　5ほん　さいて
います。しろい　はなが　8ほん
さいて　います。
しろい　はなの　ほうが　なんぼん
おおいですか。(10×2)

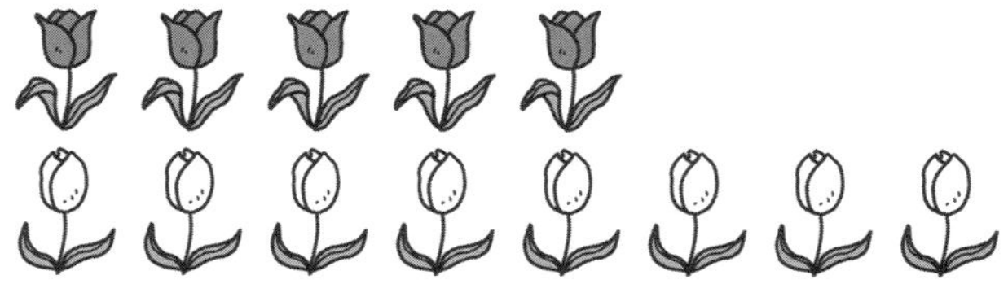

(1) しきを　かきましょう。

□−□＝□

(2) こたえを　かきましょう。

こたえ □ぼん

(A3 141%・B4 122%拡大)

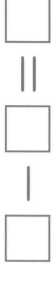

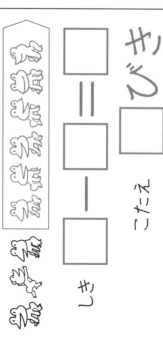

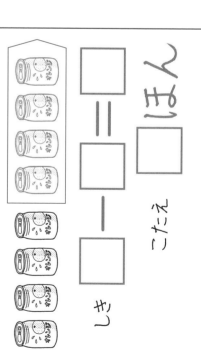

月　　日

9までのひきざん

なまえ

● うすく　かいて　ある　すうじや　－，＝は　なぞりましょう。

1　えを　みて　□に　かずを　かき，しきを　つくりましょう。(8×3)

(1) 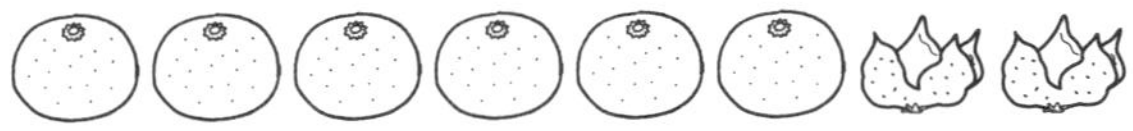

みかんが　8こ　ありました。

□こ　たべました。

のこりは　□　こです。

しき　8 － □ ＝ □

(2) 

らいおんが　6とう　います。
らいおんの　おすが　2とうだと，

めすは　□　とうです。

しき　6 － □ ＝ □

(3) 

じゃがいもが　6こ　あります。
たまねぎは　3こ　あります。

ちがいは　□　こです。

しき　6 － □ ＝ □

2　えと　こたえを　せんで　むすびましょう。(7×4)

(1) 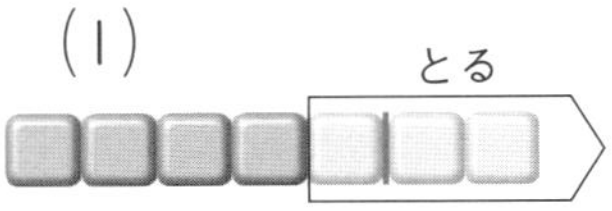

・　・ 4

(2) 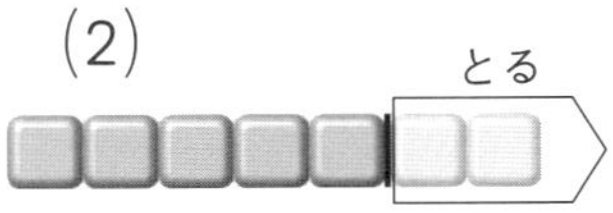

・　・ 5

(3) 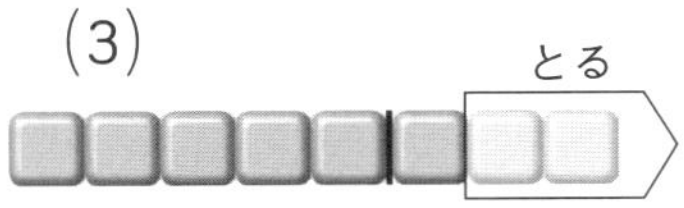

・　・ 7

(4) 

・　・ 6

3　ひきざんを　しましょう。(6×8)

(1) $9-3=$

(2) $8-5=$

(3) $9-4=$

(4) $9-6=$

(5) $8-6=$

(6) $6-2=$

(7) $8-4=$

(8) $7-4=$

(A3 141%・B4 122%拡大)

月　日

9までのひきざん

なまえ

● うすく　かいて　ある　もじは　なぞりましょう。

1　とまとが　9こ　あります。
3こ　たべます。
のこりは　なんこですか。（10×2）

しき

こたえ　□こ

2　きんぎょが　8ひき　います。
4ひき　すくいました。
のこりは　なんびきですか。（10×2）

しき

こたえ　□ひき

3　ちょうが　7ひき　います。
4ひき　はなに　とまって　います。
とんで　いる　ちょうは
なんびきですか。（10×2）

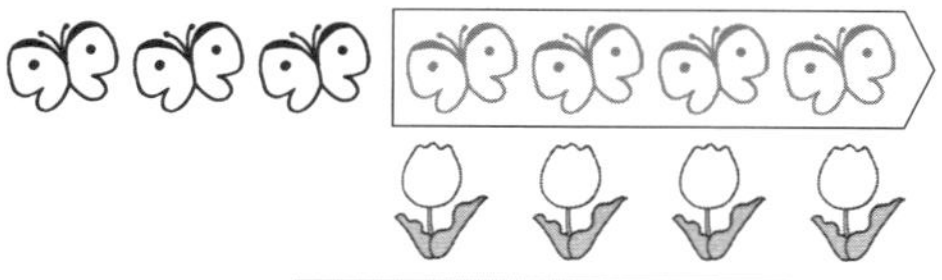

しき

こたえ　□びき

4　しろい　はなが　6ぽん　あります。
あかい　はなは　4ほん　あります。
しろい　はなの　ほうが
なんぼん　おおいですか。（10×2）

しき

こたえ　□ほん

5　なすが　9ほん　あります。
きゅうりは　7ほん　あります。
なすの　ほうが　なんぼん
おおいですか。（10×2）

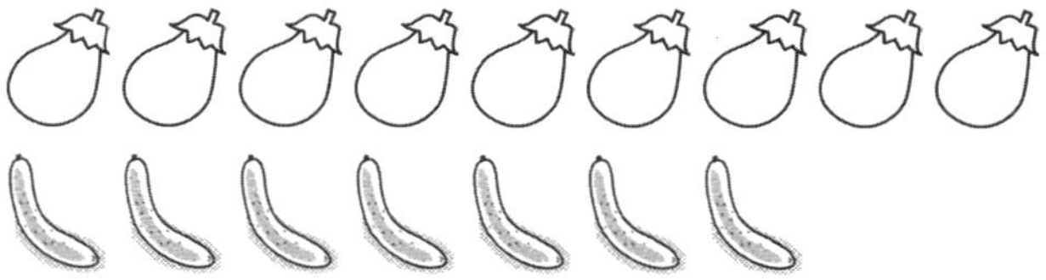

しき

こたえ　□ほん

（A3 141%・B4 122%拡大）

月　日

10までのひきざん

なまえ

● うすく　かいて　ある　すうじや　ー，＝は　なぞりましょう。

1 □に　かずを　かき，しきを　つくりましょう。（(1),(2)各10点　(3)11点）

(1) 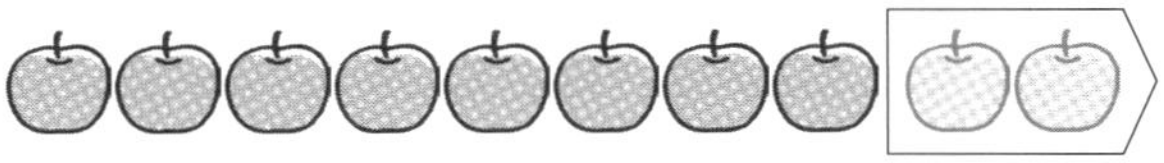

りんごが　10こ　ありました。
2こ　たべました。

のこりは □ こです。

しき 10 ー □ ＝ □

(2) 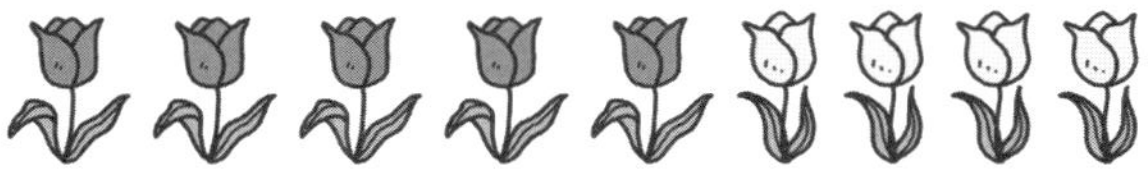

あかいろと　きいろの　はなが
9ほん　さいて　います。
5ほんは　あかいろです。

きいろは □ ほんです。

しき 9 ー □ ＝ □

(3)

おんなのこが　10にん　います。
おとこのこは　7にん　います。

おんなのこの　ほうが □ にん
おおいです。

しき 10 ー □ ＝ □

2 えと　こたえを　せんで　むすびましょう。（7×3）

(1) 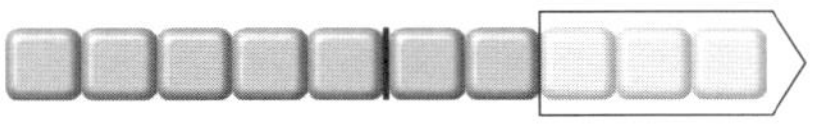 •　　• 4

(2)  •　　• 2

(3) 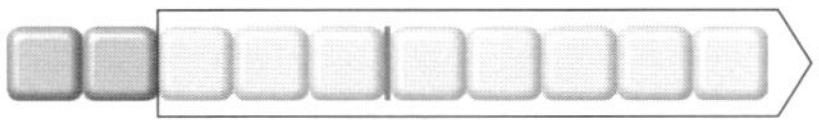 •　　• 7

3 ひきざんを　しましょう。（6×8）

(1) 7 − 5 ＝

(2) 9 − 6 ＝

(3) 8 − 3 ＝

(4) 7 − 4 ＝

(5) 8 − 4 ＝

(6) 10 − 5 ＝

(7) 10 − 4 ＝

(8) 10 − 9 ＝

(A3 141%・B4 122%拡大)

思考判断表現 A　　　　月　　日

10までのひきざん

なまえ ＿＿＿＿＿＿＿＿

● うすく　かいてある　もじや　－，＝は　なぞりましょう。

1　ばったが　10ぴき　いました。
2ひき　とんで　いきました。
のこりは　なんびきですか。（10×2）

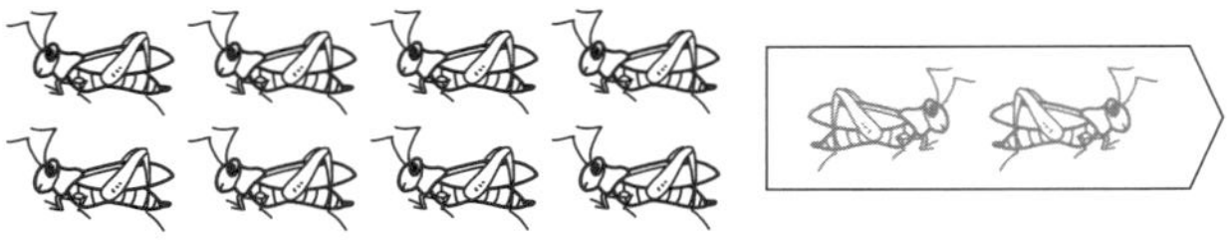

しき □－□＝□

こたえ □ひき

2　あさがおの　はなが　さいて
います。きのうは，8こ　さきました。
きょうは，5こ　さきました。
きのう　さいた　はなの
ほうが　なんこ　おおいですか。（10×2）

きのう
きょう

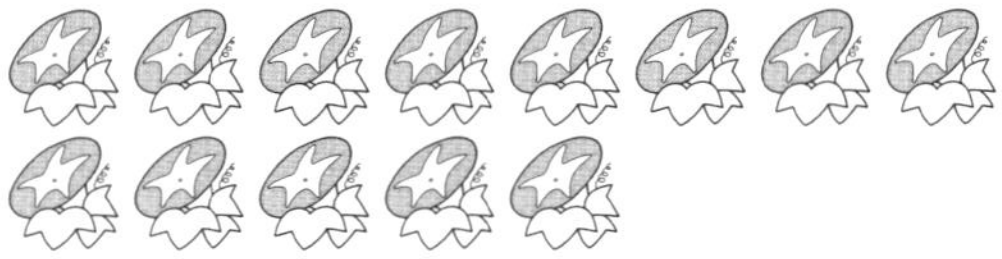

しき □－□＝□

こたえ □こ

3　こどもが　10にん　います。
おんなのこは　6にん　います。
おとこのこは　なんにんですか。（10×2）

しき □－□＝□

こたえ □にん

4　とんぼを　6ぴき　とりました。
ちょうを　10ぴき　とりました。
どちらが　なんびき　おおい
ですか。（10×2）

しき □－□＝□

こたえ

□の　ほうが
□ひき　おおい。

5　ふうせんを　9こ　もって
いました。
3こ　われて　しまいました。
われて　いない　ふうせんは
なんこですか。（10×2）

しき □－□＝□

こたえ □こ

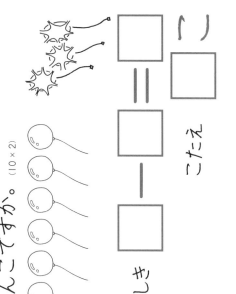

10までのひきざん

なまえ

1 □に　かずを　かき，しきを　つくりましょう。(5×6)

(1) 

あめが　10こ　ありました。
3こ　たべました。

のこりは □ こです。

しき □

(2) 

しろいろと　ちゃいろの　うさぎが　10ぴき　います。
5ひきは　しろいろです。

ちゃいろは □ ひきです。

しき □

(3) 

こっぷが　10こ　あります。
ぐらすは　8こ　あります。

こっぷの　ほうが □ こ　おおいです。

しき □

2 ひきざんを　しましょう。(5×14)

(1) $6-3=$

(2) $8-2=$

(3) $7-4=$

(4) $7-5=$

(5) $9-7=$

(6) $8-6=$

(7) $6-4=$

(8) $7-3=$

(9) $8-4=$

(10) $10-1=$

(11) $10-7=$

(12) $10-6=$

(13) $10-9=$

(14) $10-4=$

(A3 141%・B4 122%拡大)

月　日

10までのひきざん

なまえ

● うすく　かいて　ある　もじは　なぞりましょう。

1　こどもが　8にん　います。
かさが　10ぽん　あります。
ひとりに　1ぽんずつ　かさを
わたすと，かさは　なんぼん
のこりますか。（10×2）

しき

こたえ　□ほん

2　ばななが　7ほん　あります。
10ぴきの　さるに　1ぽんずつ
あげます。
ばななは　なんぼん　すくない
ですか。（10×2）

しき

こたえ　□ぼん

3　こうえんに　おとなと　こどもが
9にん　います。
そのうち，おとなは　3にんです。
こどもは　なんにんですか。（10×2）

しき

こたえ　□にん

4　いけに　あひるが　7わ
いました。いけから　3わ　でて
いきました。
いけに　のこって　いる　あひるは
なんわですか。（10×2）

しき

こたえ　□わ

5　とんぼを　7ひき　とりました。
せみを　9ひき　とりました。
どちらが　なんびき　おおいですか。（10×2）

しき

こたえ　□の　ほうが
□ひき　おおい。

(A3 141%・B4 122%拡大)

月　日

10までのたしざんひきざん

なまえ

1　□に　あてはまる　かずを　かき　ましょう。(5 × 5)

(1) 10 → 5　□

(2) 10 → 6　□

(3) 10 → □　8

(4) 10 → □　3

(5) 10 → 1　□

2　たしざんを　しましょう。(5 × 5)

(1) $4 + 5 =$

(2) $6 + 2 =$

(3) $2 + 7 =$

(4) $4 + 2 =$

(5) $3 + 3 =$

3　ひきざんを　しましょう。(5 × 10)

(1) $8 - 5 =$

(2) $7 - 2 =$

(3) $9 - 2 =$

(4) $9 - 6 =$

(5) $8 - 7 =$

(6) $6 - 2 =$

(7) $7 - 4 =$

(8) $6 - 3 =$

(9) $8 - 4 =$

(10) $10 - 4 =$

(A3 141%・B4 122%拡大)

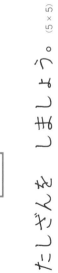

月　　日

10までのたしざんひきざん

なまえ ＿＿＿＿＿＿＿＿

1　まきさんは　つるを　4わ　おりました。
なおさんは　6わ　おりました。
つるは　あわせて　なんわに
なりますか。(10×2)

しき [　　　　]

こたえ [　　　　]

2　みかんが　7こ　ありました。
4こ　たべました。
のこりは　なんこに　なりましたか。(10×2)

しき [　　　　]

こたえ [　　　　]

3　こどもが　10にん　います。
ぼうしを　かぶって　いる　こは
7にん　います。
ぼうしを　かぶって　いない　こは
なんにんですか。(5×2)

しき [　　　　]

こたえ [　　　　]

4　しょうさんは　6さいです。
おねえさんは　8さいです。
おねえさんの　ほうが　なんさい
としうえですか。(5×2)

しき [　　　　]

こたえ [　　　　]

5　ひよこが　8わ　にわに　います。
あとから　2わ　きました。
ひよこは　なんわに　なりましたか。(5×2)

しき [　　　　]

こたえ [　　　　]

6　ふみやさんは　たこやきを　9こ
たべました。
おとうとは　6こ　たべました。
どちらが　なんこ　おおく
たべましたか。(5×2)

しき [　　　　]

こたえ [　　　　] の　ほうが

[　　　　] おおい。

7　ばすに　8にん　のって　いました。
4にん　おりました。
ばすに　なんにん　のって　いますか。
(5×2)

しき [　　　　]

こたえ [　　　　]

8　れんさんは　げえむを　しました。
1かいめは　4てん　とりました。
2かいめは　3てん　とりました。
あわせて　なんてんに　なりますか。(5×2)

しき [　　　　]

こたえ [　　　　]

(A3 141%・B4 122%拡大)

月　日

ながさくらべ

なまえ

1　ながい　ほうに　○を　つけましょう。(20×3)

(1)

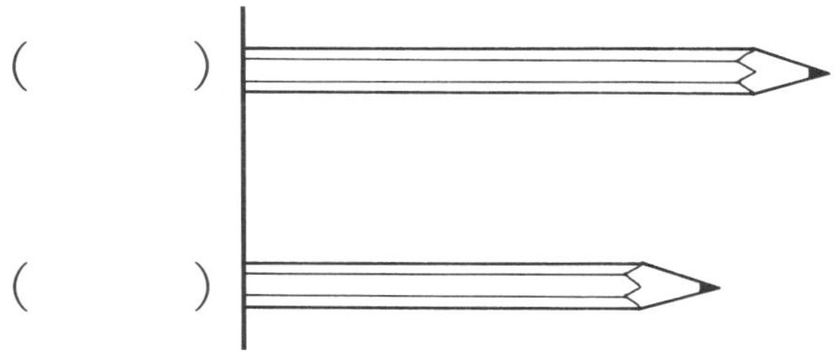

(2)

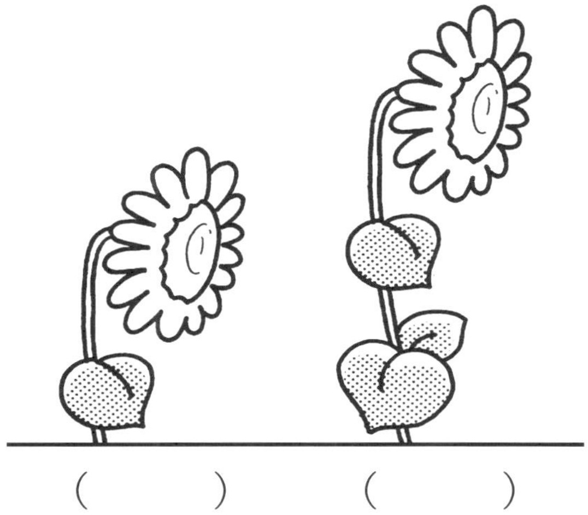

(3)

2　いちばん　ながい　てえぷに○を　つけましょう。(20×2)

(1)

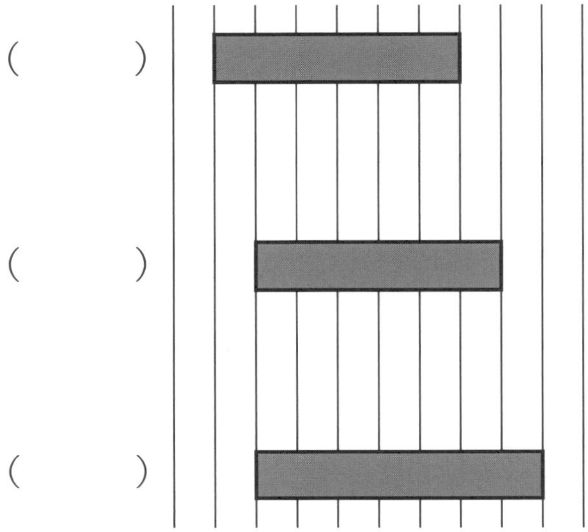

(2)

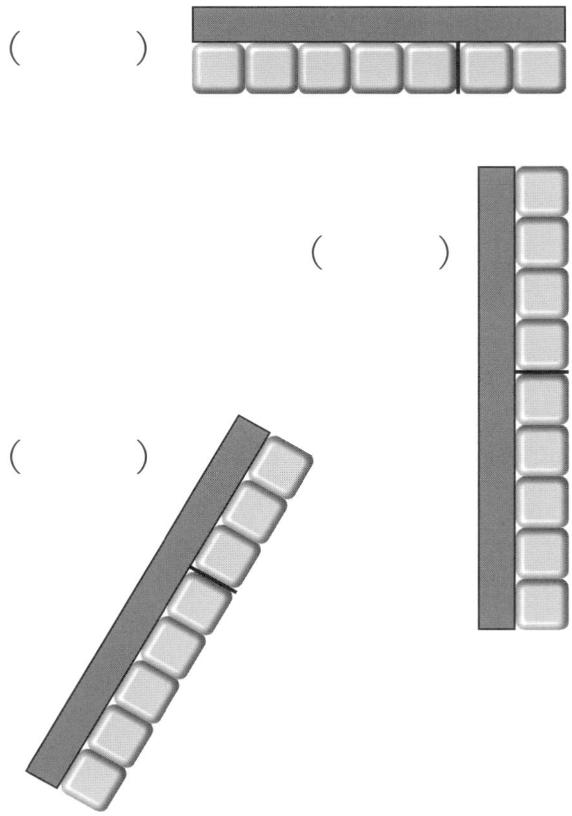

(A3 141%・B4 122%拡大)

月　日

ながさくらべ

なまえ

1 でんしゃの　ながさを　くらべましょう。（10×3）

あ

い

(1) しゃりょうの　かずを　かきましょう。

あ □ りょう　い □ りょう

(2) あと　いでは，どちらの　ほうが　ながいですか。

□

2 くりっぷを　つかって　ながさを　くらべましょう。（10×3）

か

き

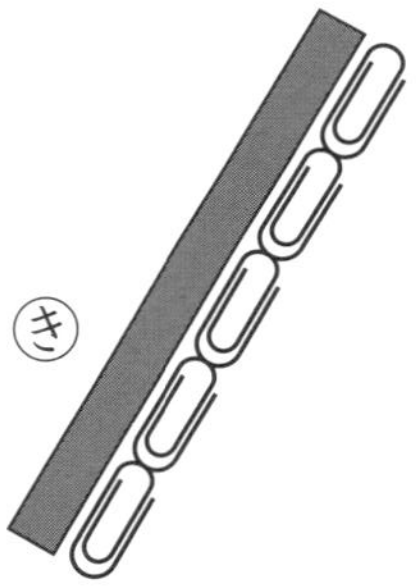

(1) くりっぷ　なんこぶんですか。

か　くりっぷ □ こぶん

き　くりっぷ □ こぶん

(2) かと　きでは，どちらの　ほうが　ながいですか。

□

3 ますを　つかって　ながさを　くらべましょう。（5×8）

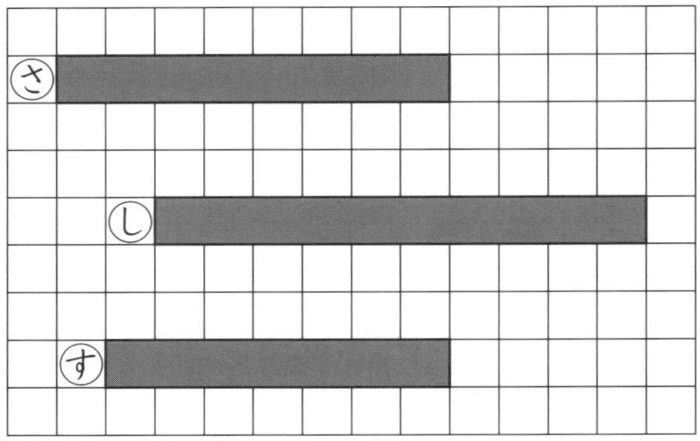

(1) ます　なんこぶんですか。

さ　ます □ こぶん

し　ます □ こぶん

す　ます □ こぶん

(2) □に　あてはまる　きごうや　かずを　かきましょう。

さと　しでは，□ の　ほうが

ます □ こぶん　ながいです。

しと　すでは，□ の　ほうが

ます □ こぶん　ながいです。

(3) さ，し，すの　なかで，いちばん　ながいのは　どれですか。

□

（A3 141%・B4 122%拡大）

ながさくらべ

なまえ

1 ながい　ほうに　○を　つけましょう。(20 × 3)

(1)

(　　　)

(　　　)

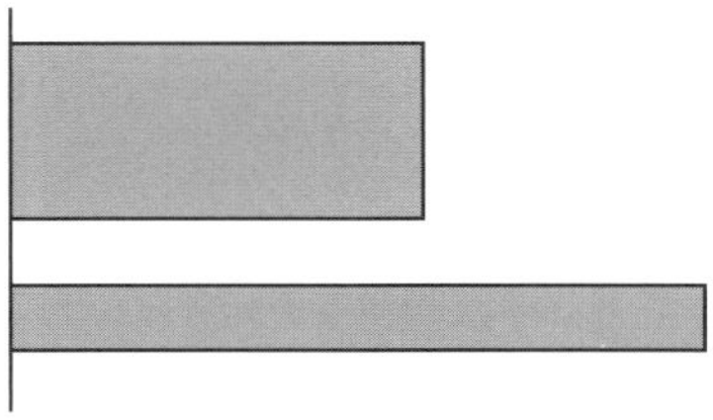

(2) かみの　たてと　よこ

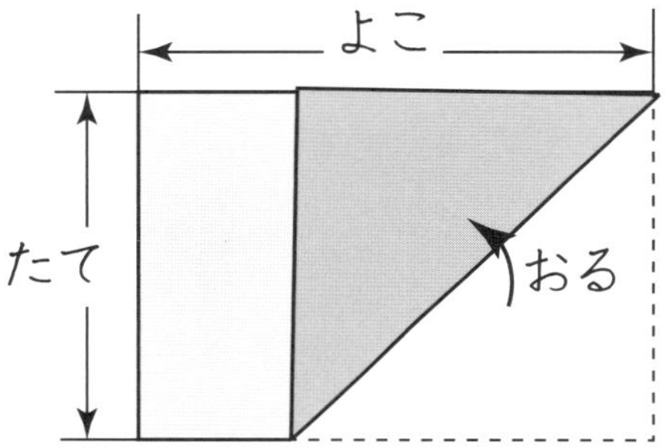

たて(　　　)　よこ(　　　)

(3) のおとの　よこと　たて

よこ
(　　　)

たて
(　　　)

2 ながさを　くらべましょう。(10 × 2)

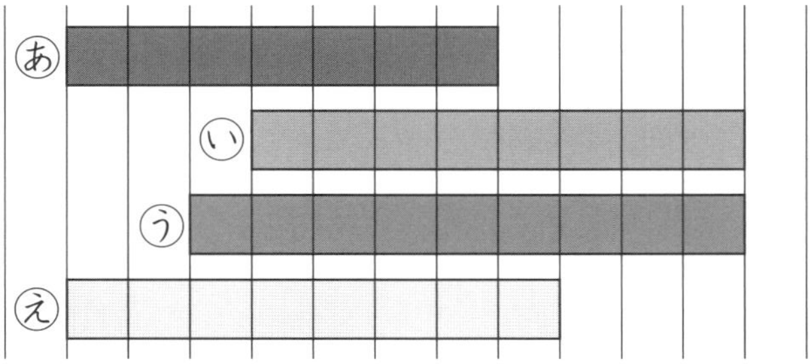

(1) あと　いでは，どちらが
ながいですか。
(　　　)

(2) うと　えでは，どちらが
ながい　ですか。
(　　　)

3 ながさを　くらべましょう。(10 × 2)

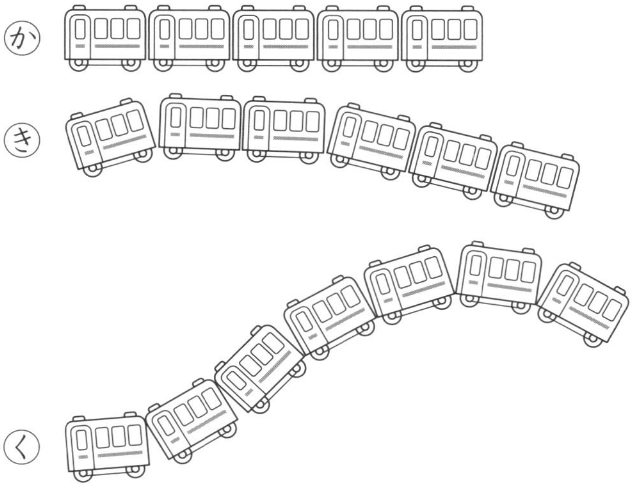

(1) かと　きでは，どちらが
ながいですか。
(　　　)

(2) きと　くでは，どちらが
ながいですか。
(　　　)

(A3 141%・B4 122%拡大)

月　　日

ながさくらべ

なまえ

1　ますを　つかって　ながさを　くらべましょう。(10×8)

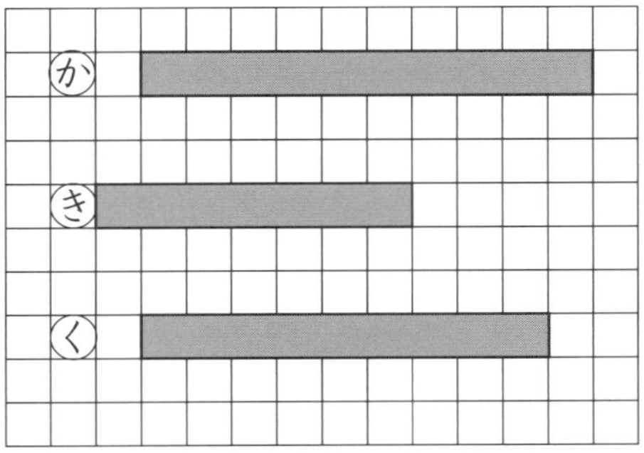

(1)　ます　なんこぶんですか。

か　ます □ こぶん

き　ます □ こぶん

く　ます □ こぶん

(2)　□に　あてはまる　きごうや　かずを　かきましょう。

かと　きでは，□ の　ほうが　ます □ こぶん　ながいです。

きと　くでは，□ の　ほうが　ます □ こぶん　ながいです。

(3)　か，き，くの　なかで，いちばん　ながいのは　どれですか。

□

2　あと　いの　ながさの　くらべかたは　まちがって　います。どんな　ことに　きを　つければ　いいですか。

したから　えらんで　かきましょう。(10×2)

(1)

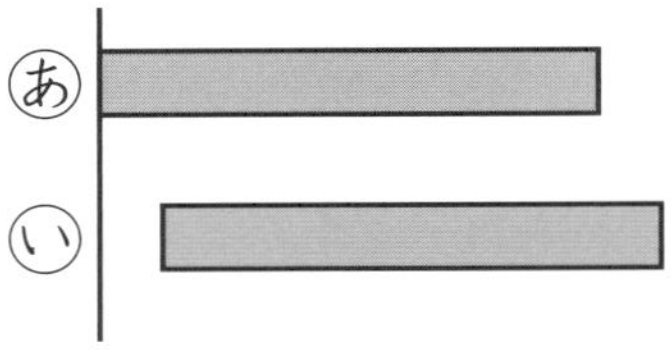

□

(2)

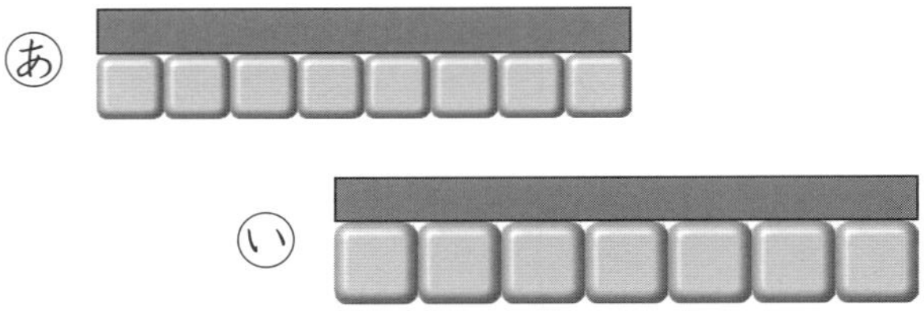

□

- おなじ　ながさや　おおきさの　ものを　つかえば，こすうで　くらべる　ことが　できる。
- まっすぐに　のばせば，くらべる　ことが　できる。
- はしを　そろえれば，くらべる　ことが　できる。

(A3 141%・B4 122%拡大)

10より大きいかず

なまえ

1 □に　かずを　かきましょう。（5×5）

(1) みかんの　かず

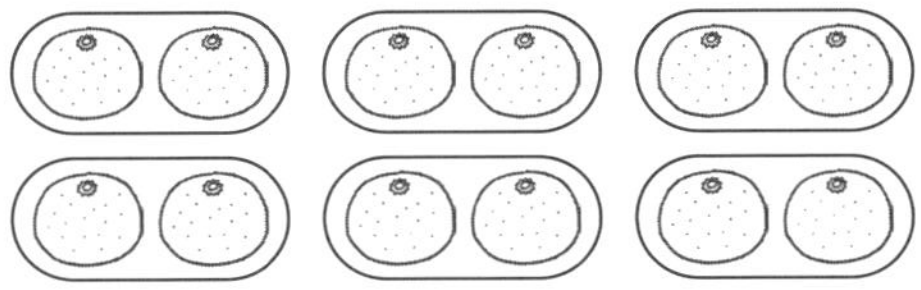

□

(2) はなの　かず

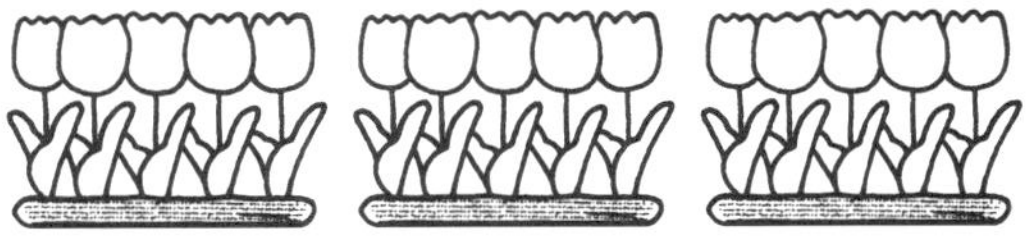

□

(3)

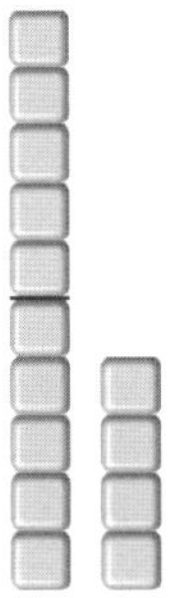

□

(4)

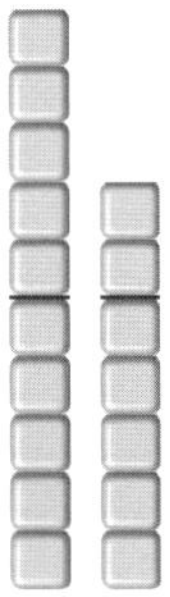

□

(5)

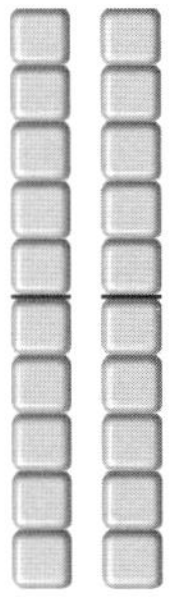

□

2 □に　あてはまる　かずを　かきましょう。（5×4）

(1) 10と　1で □

(2) 10と　8で □

(3) 13は　10と □

(4) 16は　10と □

3 □に　かずを　かきましょう。（5×4）

(1) 10 − 11 − □ − 13 − □

(2) 20 − 19 − □ − 17 − □

4 かずの　おおきい　ほうに　○を　つけましょう。（5×2）

(1) （ 11　9 ）

(2) （ 16　19 ）

5 けいさんを　しましょう。（5×5）

(1) 10＋1＝

(2) 12＋6＝

(3) 15＋4＝

(4) 16−6＝

(5) 14−2＝

（A3 141%・B4 122%拡大）

月　日

10 より大きいかず

なまえ

1　つぎの　かずを　□に　かきましょう。(5×4)

(1)　10 よりも　2　おおきい　かず　□

(2)　13 よりも　2　おおきい　かず　□

(3)　17 よりも　2　ちいさい　かず　□

(4)　16 よりも　3　ちいさい　かず　□

2　こどもが　10にん　います。4にん　きました。
あわせて　なんにんですか。(10×2)

しき　□

こたえ　□

3　たまごが　12こ　あります。5こ　かって　きました。
たまごは　なんこに　なりましたか。(10×2)

しき　□

こたえ　□

4　ももが　15こ　ありました。3こ　たべました。
のこりは　なんこですか。(10×2)

しき　□

こたえ　□

5　ちょうが　19ひき　います。とんぼは　8ひき　います。
ちょうの　ほうが　なんびき　おおいですか。(10×2)

しき　□

こたえ　□

(A3 141%・B4 122%拡大)

月　　日

10 より大きいかず

なまえ

1 □に　かずを　かきましょう。(4 × 5)

(1) はなの　かず

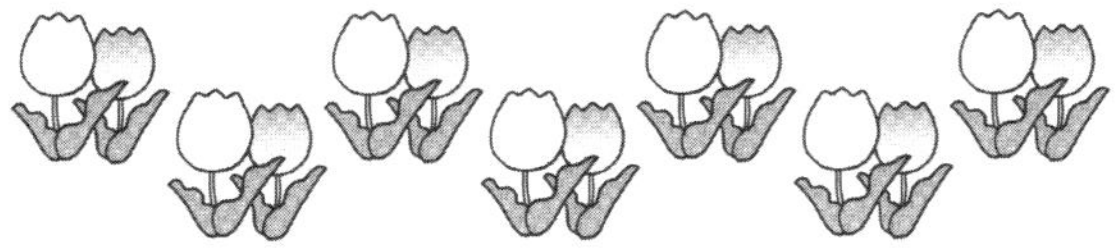

□

(2) あめの　かず

□

(3)

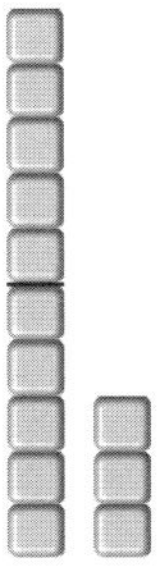

□

(4)

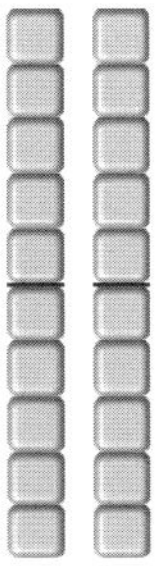

□

(5)

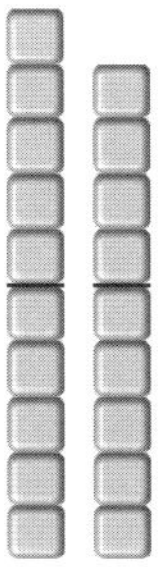

□

2 □に　あう　かずを　かきましょう。(4 × 6)

(1) 10と　2で　□

(2) 10と　5で　□

(3) 10と　7で　□

(4) 14は　10と　□

(5) 17は　10と　□

(6) 20は　10と　□

3 □に　かずを　かきましょう。(4 × 6)

(1) 10 — 12 — 14 — □ — □

(2) 20 — 19 — □ — 17 — □

(3) 18 — 16 — 14 — □ — □

4 けいさんを　しましょう。(4 × 8)

(1) 10 + 4 =

(2) 15 + 3 =

(3) 13 + 4 =

(4) 14 + 4 =

(5) 13 − 3 =

(6) 15 − 2 =

(7) 17 − 5 =

(8) 16 − 3 =

(A3 141%・B4 122%拡大)

月　日

10 より大きいかず

なまえ

1 □に　かずを　かきましょう。(5 × 4)

(1) 14 は，10 よりも □ おおきい　かず

(2) 17 は，10 よりも □ おおきい　かず

(3) 18 は，20 よりも □ ちいさい　かず

(4) 15 は，20 よりも □ ちいさい　かず

2 あかと　きいろの　ぼおるが 18 こ　あります。そのうち，7 こが　あかいろです。きいろの ぼおるは　なんこ　ありますか。(10 × 2)

しき □

こたえ □

3 はなが　12 こ　さいて いました。6 こ　ふえました。
さいて　いる　はなは　なんこに なりましたか。(10 × 2)

しき □

こたえ □

4 おとこのこは　5 にん　います。 おんなのこは　15 にん　います。
おんなのこの　ほうが　なんにん おおいですか。(10 × 2)

しき □

こたえ □

5 ぎょうざが　16 こ　ありました。 4 こ　たべました。
ぎょうざは　なんこ　のこって いますか。(10 × 2)

しき □

こたえ □

(A3 141%・B4 122%拡大)

月　日

なんじ　なんじはん

なまえ

1 とけいを　よみましょう。なんじですか。(10×5)

(1)

□ じ

(2)

□ じ

(3)

□ じ

(4)

□ じ

(5)

□ じ

2 とけいを　よみましょう。なんじはんですか。(10×5)

(1)

□ じ □

(2)

□ じ □

(3)

□ じ □

(4)

□ じ □

(5)

□ じ □

(A3 141%・B4 122%拡大)

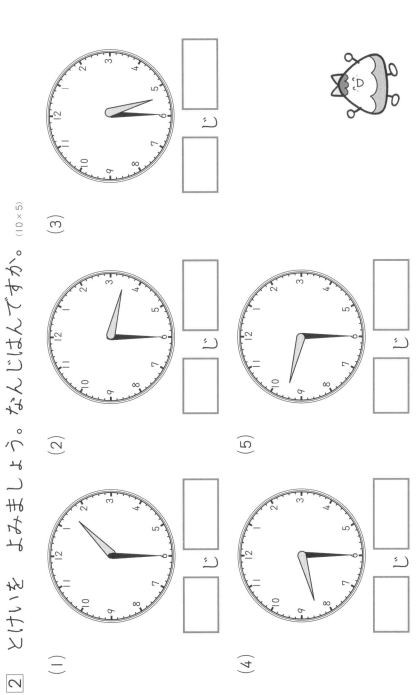

なんじ　なんじはん

なまえ

1　とけいを　よみましょう。なんじですか。または，なんじはんですか。（10 × 8）

（1）

（2）

（3）
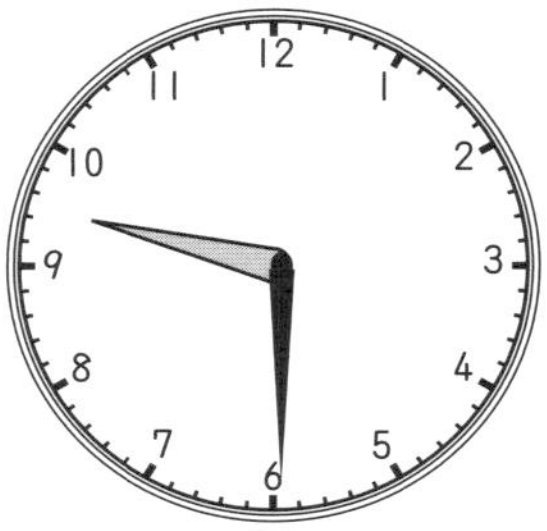

（4）

（5）
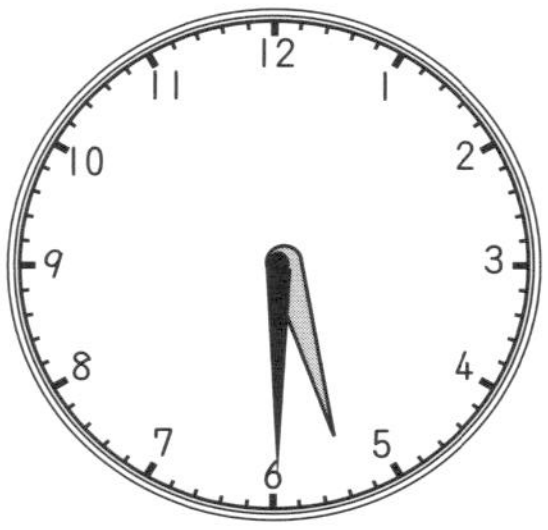

（6）
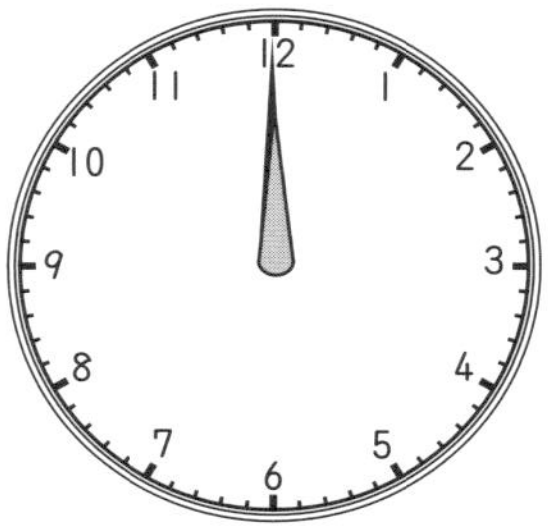

（7）

（8）

2　ながい　はりを　かきましょう。（10 × 2）

（1）4 じ

（2）7 じはん

（A3 141%・B4 122%拡大）

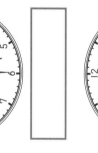

3つのかずのけいさん

なまえ ________________

1 ○に ＋か −を かきましょう。（10 × 3）

(1) 3びき いました。

2ひき きました。

また，3びき きました。

3 ○ 2 ○ 3 ＝ 8

(2) 9わ いました。

3わ とんで いきました。

4わ とんで いきました。

9 ○ 3 ○ 4 ＝ 2

(3) 4にん いました。

3にん きました。

4にん かえりました。

4 ○ 3 ○ 4 ＝ 3

2 けいさんを しましょう。（5 × 14）

(1) 2 + 3 + 3 =

(2) 8 + 2 + 1 =

(3) 6 + 4 + 2 =

(4) 8 − 3 − 2 =

(5) 11 − 1 − 2 =

(6) 14 − 4 − 5 =

(7) 7 − 2 + 3 =

(8) 10 − 5 + 4 =

(9) 10 − 7 + 2 =

(10) 4 + 4 − 3 =

(11) 7 + 3 − 5 =

(12) 2 + 8 − 4 =

(13) 10 + 5 − 3 =

(14) 10 + 7 − 4 =

月　　日

3つのかずのけいさん

なまえ

1　いちごが　10こ　ありました。
わたしが　3こ　たべました。
おとうとが　2こ　たべました。
なんこ　のこって　いますか。
(10×2)

しき

こたえ

2　こうえんで　10にん
あそんで　います。
おとこのこが　3にん　きました。
おんなのこが　4にん　きました。
あわせて　なんにんに
なりましたか。(10×2)

しき

こたえ

3　ばすに　10にん　のって
いました。つぎの　ばすていで
6にん　おりて，3にん　のりました。
ばすには，なんにん　のって
いますか。(10×2)

しき

こたえ

4　えんぴつを　9ほん　もって
いました。
そのうち，7ほん　つかいました。
3ぼん　かって　もらいました。
えんぴつは　なんぼんに　なり
ましたか。(10×2)

しき

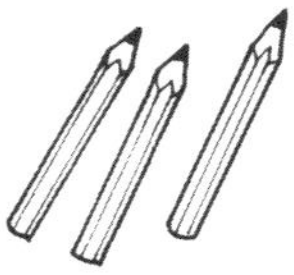

こたえ

5　ふねに　13にん　のって
いました。
つぎの　みなとで　3にん
おりて，8にん　のりました。
ふねには，なんにん　のって
いますか。(10×2)

しき

こたえ

(A3 141%・B4 122%拡大)

月　日

3つのかずのけいさん

なまえ

1　しきに　あらわしましょう。

（(1)6点　(2),(3)各7点）

(1) ばったが　6ぴき　いました。

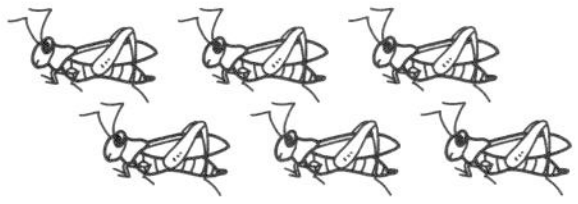

4ひき　きました。

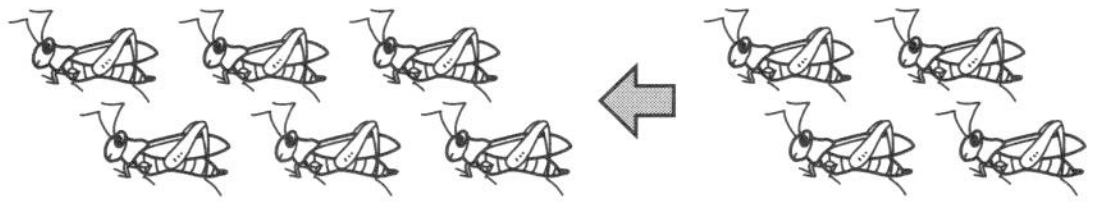

2ひき　とんで　いきました。

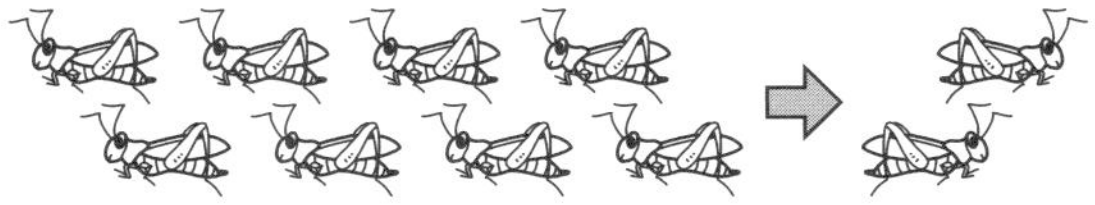

(2) みかんが　12こ　ありました。

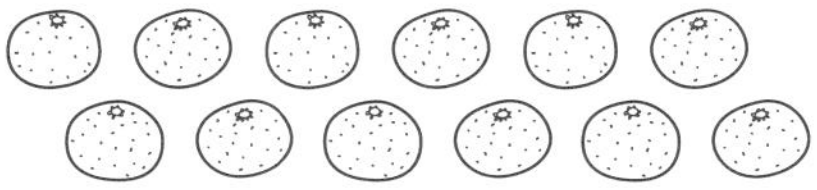

きのう　2こ　たべました。

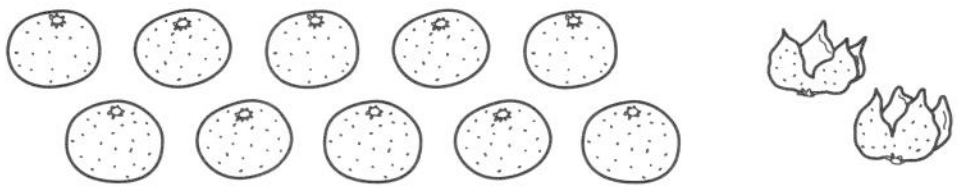

きょう　4こ　たべました。

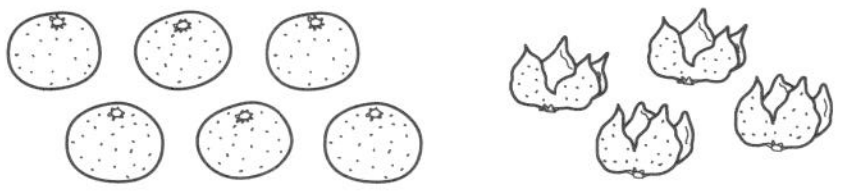

(3) 10こ　ありました。

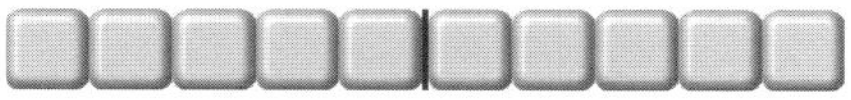

5こ　とりました。

2こ　あわせました。

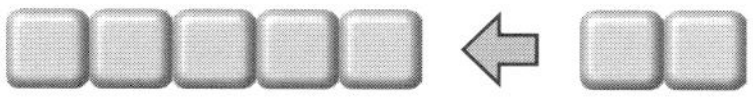

2　けいさんを　しましょう。(5 × 16)

(1) 2 + 3 + 4 =

(2) 3 + 4 + 3 =

(3) 7 + 3 + 4 =

(4) 5 + 10 + 3 =

(5) 9 − 4 − 2 =

(6) 10 − 5 − 3 =

(7) 14 − 4 − 3 =

(8) 8 − 3 + 4 =

(9) 10 − 7 + 4 =

(10) 16 − 6 + 5 =

(11) 19 − 7 + 2 =

(12) 5 + 4 − 6 =

(13) 6 + 4 − 2 =

(14) 13 + 5 − 6 =

(15) 10 + 9 − 3 =

(16) 14 + 4 − 6 =

(A3 141%・B4 122%拡大)

月　日

3つのかずのけいさん

なまえ

1　ちゅうしゃじょうに　くるまが　5だい　とまって　いました。5だい　はいって　きて，6だい　でて　いきました。
　ちゅうしゃじょうの　くるまは　なんだいに　なりましたか。(5×2)

しき

こたえ

2　どんぐりを　8こ　ひろいました。おとうとに　4こ，いもうとに　2こ　あげました。
　のこりは　なんこに　なりましたか。(5×2)

しき

こたえ

3　こうえんに　こどもが　10にん　いました。7にん　かえって，5にん　きました。
　こどもは　なんにんに　なりましたか。(5×2)

しき

こたえ

4　あさがおの　はなが　さいて　います。あかい　はなが　2こ，あおい　はなが　3こ，むらさきの　はなが　5こ　さきました。
　ぜんぶで　なんこ　さいて　いますか。(5×2)

しき

こたえ

5　ばすに　18にん　のって　いました。つぎの　ばすていで　7にん　おりて，3にん　のりました。
　ばすに　のって　いる　ひとは　なんにんに　なりましたか。(10×2)

しき

こたえ

6　おりがみを　16まい　もって　いました。6まい　つかって　はなを　おりました。3まい　つかって，つるを　おりました。
　おりがみは　なんまい　のこって　いますか。(10×2)

しき

こたえ

7　きのう，とまとが　10こ　とれました。きょうは，5こ　とれました。そのうち，3こ　たべました。
　とまとは　なんこに　なりましたか。(10×2)

しき

こたえ

(A3 141%・B4 122%拡大)

かさくらべ

なまえ

1　おおい　ほうに　○を　つけましょう。(20 × 2)

(1)　ア　イ

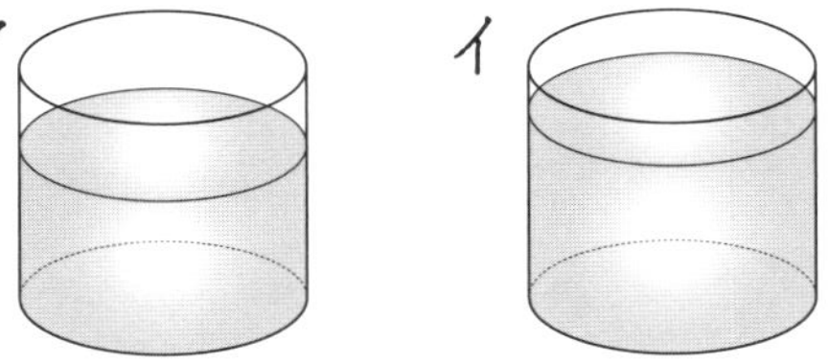

(　　)　(　　)

(2)　ウ　エ

(　　)　(　　)

おなじ　いれものに　うつします。

ウ　エ

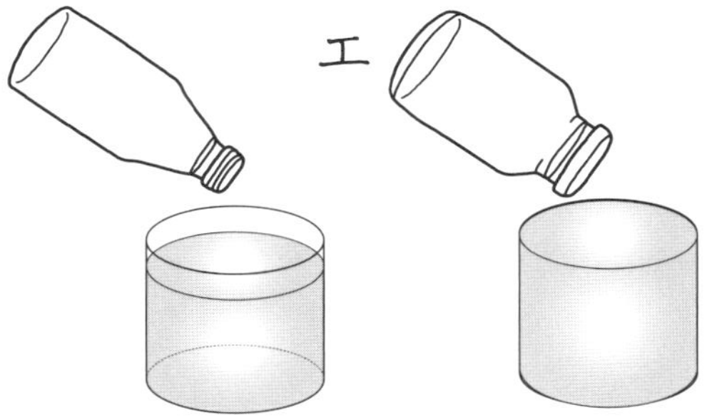

2　おおきい　ほうに　○を　つけましょう。(20)

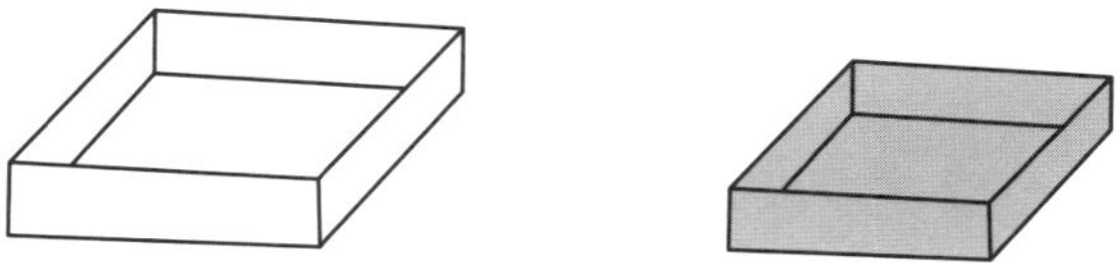

カ (　　)　キ (　　)

かさねます。

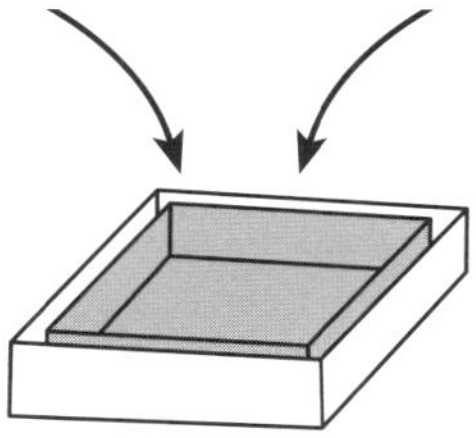

3　はいって　いる　みずの　おおい　じゅんに，1，2，3と　かきましょう。(20 × 2)

(1)　おおきさの　ちがう　いれものに　はいって　います。
みずの　たかさは　おなじです。

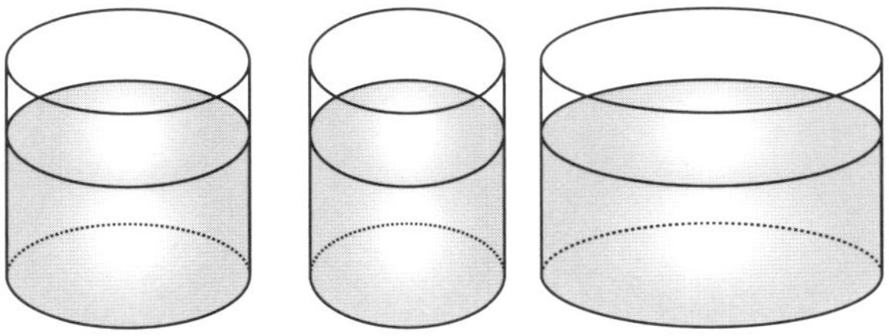

(　　)　(　　)　(　　)

(2)　おなじ　おおきさの　いれものに　いれました。

(　　)

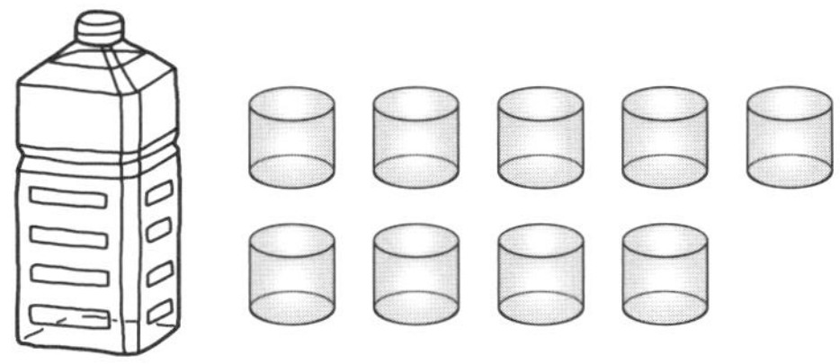

(　　)

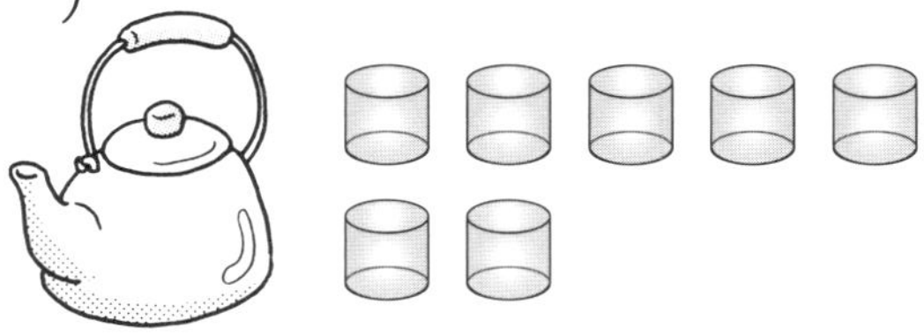

(　　)

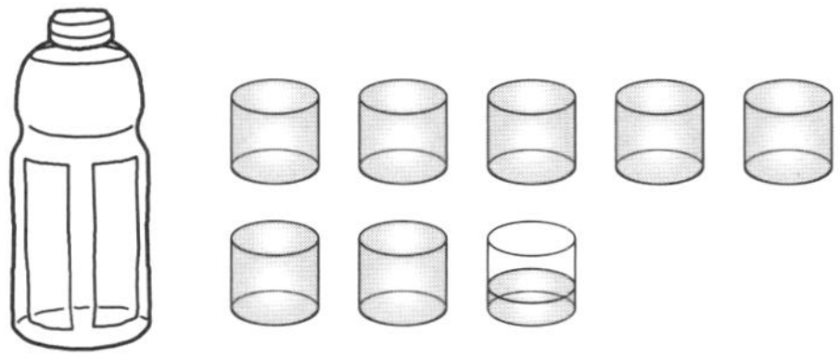

(A3 141%・B4 122%拡大)

月　　日

かさくらべ

なまえ

1　みずの　かさを　くらべました。
□に　あてはまる　かずや　きごうを
かきましょう。(10×3)

㋐ ㋑

㋐　コップ □ ぱい

㋑　コップ □ はい

□ の　ほうが □ ぱいぶん　おおい。

2　おちゃが　はいる　かさを
しらべましょう。(10×4)

㋐ ㋑ ㋒

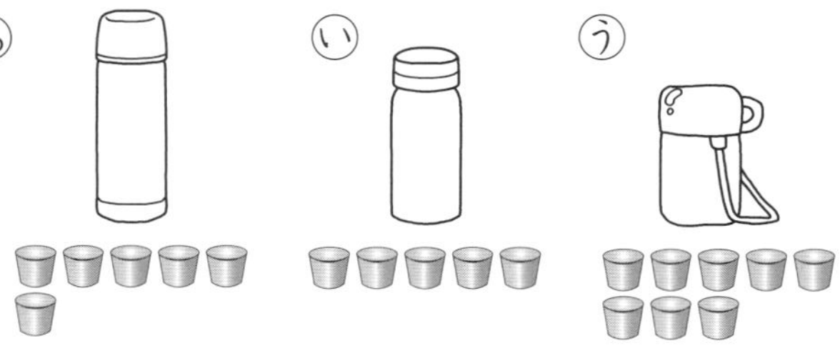

(1)　コップ　なんばいぶんですか。

㋐　コップ □ ぱい

㋑　コップ □ はい

㋒　コップ □ ぱい

(2)　おおく　はいる　じゅんばんを
かきましょう。

□ → □ → □

3　なべと　やかんでは，どちらが
どれだけ　おおく　はいりますか。(10×2)

なべ

やかん

□ の　ほうが

コップ □ はいぶん，

おおく　はいる。

4　㋐と　㋑の　かさの　くらべかたは
まちがって　います。
　ただしい　くらべかたに　ついて
□ に　あてはまる　ことばを
かきましょう。(10)

㋐ ㋑

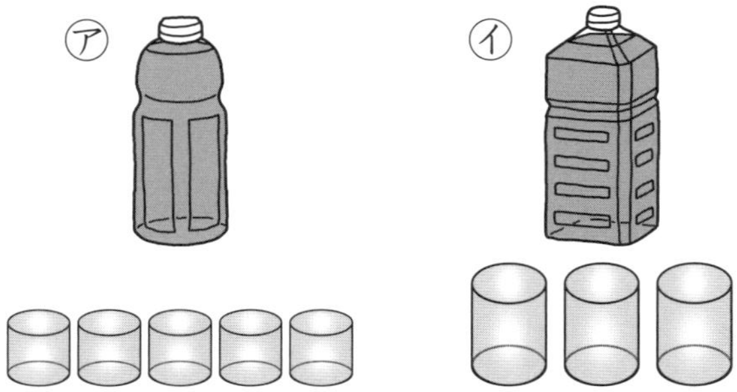

□ おおきさの　コップを
つかって，コップ　なんばいぶんかで
くらべる。

(A3 141%・B4 122%拡大)

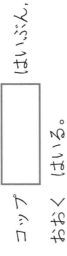

月　日

くりあがりのたしざん

なまえ ＿＿＿＿＿＿

1　つぎの　たしざんを　しましょう。(5 × 16)

(1) 3 + 6 =　　(2) 4 + 2 =　　(3) 4 + 4 =

(4) 5 + 4 =　　(5) 7 + 2 =　　(6) 3 + 3 =

(7) 8 + 2 =　　(8) 5 + 5 =　　(9) 3 + 7 =

(10) 1 + 9 =　　(11) 4 + 6 =　　(12) 2 + 8 =

(13) 9 + 1 + 4 =　　(14) 7 + 3 + 6 =

(15) 5 + 5 + 5 =　　(16) 2 + 8 + 3 =

2　そうげんに　おすの　ライオンが　3とう，めすの　ライオンが　6とう　います。
ライオンは，あわせて　なんとう　いますか。(5 × 2)

しき

こたえ ＿＿＿＿＿＿

3　きのうは，きゅうりが　6ぽん　できました。
そして，きょうは，4ほん　できました。
きゅうりは，あわせて　なんぼん　できましたか。(5 × 2)

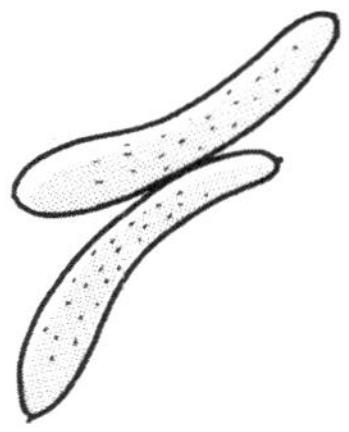

しき

こたえ ＿＿＿＿＿＿

(A3 141%・B4 122%拡大)

くりあがりのたしざん

月　日

なまえ

1 9＋3の　けいさんの　しかた
□に　あてはまる　かずを　かきましょう。(5×5)

9 ＋ 3

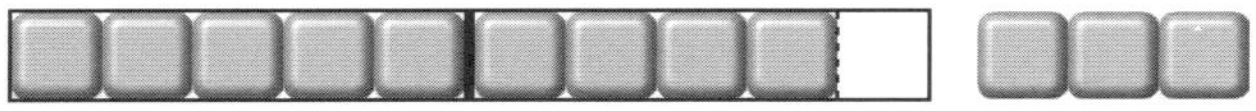

(1) 9は　あと □ で　10です。
(2) 3を　1と □ に　わけます。
(3) 9に □ を　たして　10です。
(4) 10と　2を　あわせて □ です。
(5) 9＋3＝ □

2 8＋3の　けいさんの　しかた
□に　あてはまる　かずを　かきましょう。(5×5)

8 ＋ 3

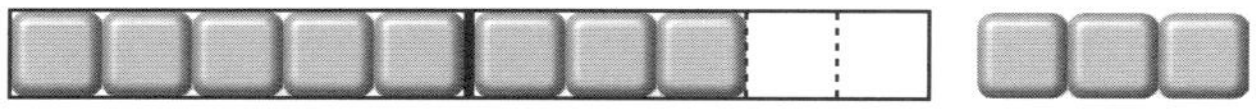

(1) 8は　あと □ で　10です。
(2) 3を　2と □ に　わけます。
(3) 8に □ を　たして　10です。
(4) 10と　1を　あわせて □ です。
(5) 8＋3＝ □

3 たしざんを　しましょう。(5×10)

(1) 9＋5＝
(2) 8＋4＝
(3) 7＋7＝
(4) 6＋5＝
(5) 6＋7＝
(6) 7＋9＝
(7) 5＋7＝
(8) 4＋7＝
(9) 7＋8＝
(10) 9＋9＝

(A3 141%・B4 122%拡大)

月　日

くりあがりのたしざん

なまえ

1　ちゅうしゃじょうに　くるまが　9だい　とまって　います。
そこへ　4だい　はいって　きました。
くるまは，なんだいに　なりましたか。（10×2）

しき

こたえ

2　さやかさんは　あきかんを　8こ　ひろいました。
かずきさんは　6こ　ひろいました。
あわせて　なんこ　ひろいましたか。（10×2）

しき

こたえ

3　こうえんに　こどもが　7にん　います。
8にん　くると，なんにんに　なりますか。（10×2）

しき

こたえ

4　あおい　はなが　7ほん　さいて　います。
あかい　はなが　6ぽん　さいて　います。
あわせて　なんぼん　さいて　いますか。（10×2）

しき

こたえ

5　パンが　はこに　9こ　はいって　います。
かごに　5こ　はいって　います。
パンは　ぜんぶで　なんこ　ありますか。（10×2）

しき

こたえ

（A3 141%・B4 122%拡大）

月　日

くりあがりのたしざん

なまえ ____________

1　8 + 6の　けいさんの　しかた
□に　あてはまる　かずを　かきましょう。(4 × 5)

8 + 6

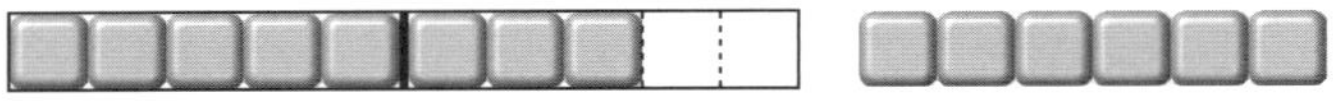

10の　わく

(1)　8は　あと　□　で　10です。

(2)　6を　□　と　□　に　わけます。

(3)　8に　□　を　たして　10。

(4)　10と　4を　あわせて　□

(5)　8 + 6 = □

2　7 + 5の　けいさんの　しかた
□に　あてはまる　かずを　かきましょう。(4 × 5)

7 + 5

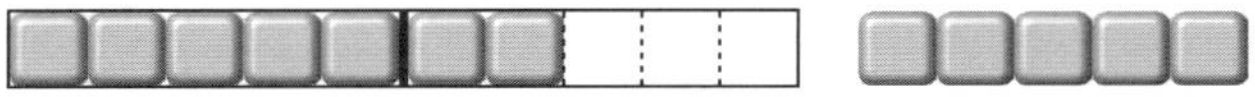

10の　わく

(1)　7は　あと　□　で　10です。

(2)　5を　□　と　□　に　わけます。

(3)　7に　□　を　たして　10。

(4)　10と　□　を
あわせて　□

(5)　7 + 5 = □

3　たしざんを　しましょう。(4 × 15)

(1)　9 + 6 =

(2)　9 + 9 =

(3)　8 + 7 =

(4)　7 + 7 =

(5)　6 + 5 =

(6)　4 + 9 =

(7)　4 + 8 =

(8)　8 + 9 =

(9)　6 + 6 =

(10)　8 + 8 =

(11)　9 + 5 =

(12)　7 + 9 =

(13)　9 + 2 =

(14)　5 + 8 =

(15)　3 + 9 =

(A3 141%・B4 122%拡大)

月　日

くりあがりのたしざん

なまえ

1　きに　とりが　8わ　とまって　います。そこへ　5わ　とんで　きました。とりは，ぜんぶで，なんわに　なりましたか。(6×2)

しき

こたえ

2　おんなのこが　6にん，おとこのこが　7にん　います。みんなで　なんにん　いますか。(6×2)

しき

こたえ

3　くろい　えんぴつが　7ほん，いろえんぴつが　5ほん　あります。ぜんぶで　なんぼん　ありますか。(6×2)

しき

こたえ

4　パンやさんで，あんパンを　8こと　メロンパンを　8こ　かいました。あわせて　なんこ　かいましたか。(6×2)

しき

こたえ

5　たまごが　6こ　あります。1パック　6こいりの　たまごを　かいました。たまごは　なんこに　なりましたか。(6×2)

しき

こたえ

6　たくみさんは，うんどうじょうを　きのうは　9しゅう，きょうは　7しゅう　はしりました。あわせて　なんしゅう　はしりましたか。(6×2)

しき

こたえ

7　あかい　おりがみが　5まい，あおい　おりがみが　9まい　あります。あわせて　なんまいですか。(6×2)

しき

こたえ

8　えを　みて，5＋6に　なる　たしざんの　もんだいぶんを　かきましょう。(16)

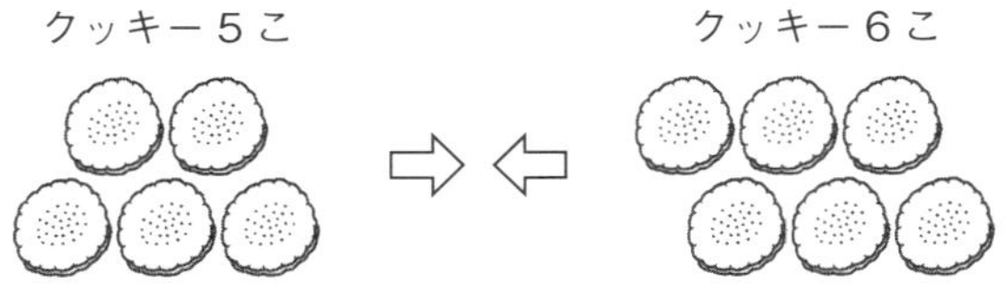

(A3 141%・B4 122%拡大)

月　日

くりさがりのひきざん

なまえ

1　ひきざんを　しましょう。(5 × 14)

(1) 5 − 3 =　(2) 8 − 3 =　(3) 9 − 7 =

(4) 8 − 4 =　(5) 10 − 1 =　(6) 10 − 5 =

(7) 10 − 7 =　(8) 10 − 4 =　(9) 10 − 8 =

(10) 15 − 5 − 5 =　(11) 18 − 8 − 4 =

(12) 12 − 2 − 6 =　(13) 14 − 4 − 3 =

(14) 11 − 1 − 9 =

2　にんじんが　8ほん　ありました。6ぽん　うれました。
のこりは，なんぼんですか。(5 × 2)

しき

こたえ

3　こうえんに，おとなと　こどもが　あわせて　9にん　います。
そのうち　こどもは　6にんです。おとなは　なんにんですか。(5 × 2)

しき

こたえ

4　あかい　ふうせんが　4こ　あります。しろい　ふうせんが
6こ　あります。
どちらの　ほうが　なんこ　おおいですか。(5 × 2)

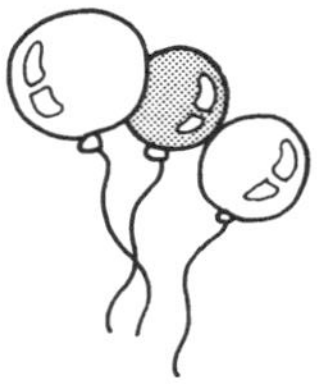

しき

こたえ　□　ふうせんが　□　こ　おおい。

(A3 141%・B4 122%拡大)

月　　日

くりさがりのひきざん

なまえ

1　12 − 9の　けいさんの　しかた
□に　あてはまる　かずを　かきましょう。(5 × 5)

12 − 9

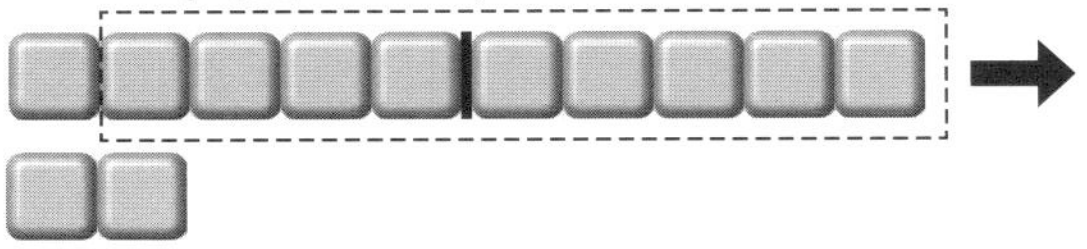

(1)　2から　□　は　ひけません。

(2)　12を　□　と　2に　わけます。

(3)　10から　9を　ひくと　□

(4)　1と　2を　あわせて　□

(5)　12 − 9 = □

2　13 − 8の　けいさんの　しかた
□に　あてはまる　かずを　かきましょう。(5 × 5)

13 − 8

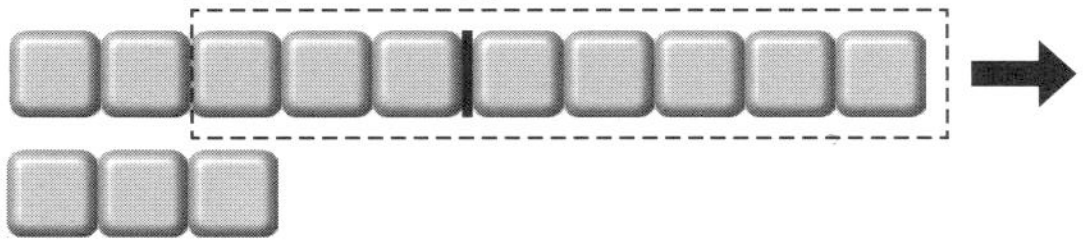

(1)　□　から　8は　ひけません。

(2)　13を　□　と　3に　わけます。

(3)　10から　8を　ひくと　□

(4)　2と　3を　あわせて　□

(5)　13 − 8 = □

3　ひきざんを　しましょう。(5 × 10)

(1)　13 − 9 =

(2)　16 − 8 =

(3)　15 − 7 =

(4)　13 − 7 =

(5)　11 − 6 =

(6)　14 − 6 =

(7)　11 − 5 =

(8)　12 − 5 =

(9)　11 − 4 =

(10)　12 − 3 =

(A3 141%・B4 122%拡大)

くりさがりのひきざん

なまえ ＿＿＿＿＿＿＿＿

1　りんごが　14こ　あります。
8こ　たべると，なんこ
のこりますか。(10×2)

しき

こたえ ＿＿＿＿＿＿

2　とんぼが　17ひき，ちょうが
9ひき　います。とんぼの　ほうが
なんびき　おおいですか。(10×2)

しき

こたえ ＿＿＿＿＿＿

3　キャラメルが　12こ　ありました。
5こ　たべると　なんこ
のこりますか。(10×2)

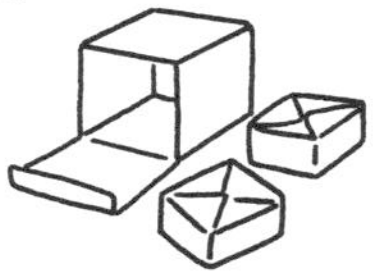

しき

こたえ ＿＿＿＿＿＿

4　きいろい　はなが　13ほん，
あかい　はなが　7ほん　さいて
います。
どちらが　なんぼん　おおく
さいて　いますか。(10×2)

しき

こたえ ＿＿＿＿＿＿

5　ショートケーキを　12こ
つくります。7こには　いちごを
のせました。
まだ　いちごを　のせて　いない
ショートケーキは　なんこ
ありますか。(10×2)

しき

こたえ ＿＿＿＿＿＿

(A3 141%・B4 122%拡大)

月　日

くりさがりのひきざん

なまえ

1　11 − 7の　けいさんの　しかた
□に　あてはまる　かずを　かきましょう。(4 × 5)

11 − 7

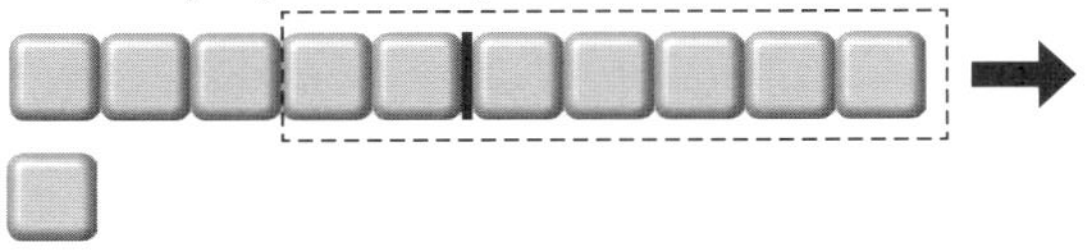

(1)　1から □ は　ひけません。

(2)　11を □ と　1に　わけます。

(3)　10から □ を　ひくと　3

(4)　□ と　1を　あわせて □

(5)　11 − 7 = □

2　14 − 6の　けいさんの　しかた
□に　あてはまる　かずを　かきましょう。(4 × 5)

14 − 6

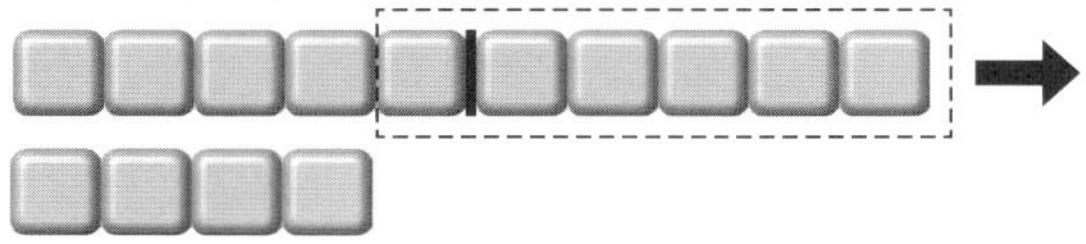

(1)　□ から　6は　ひけません。

(2)　14を □ と □ に　わけます。

(3)　10から　6を　ひくと □

(4)　□ と　4を　あわせて □

(5)　14 − 6 = □

3　ひきざんを　しましょう。(4 × 15)

(1)　14 − 9 =

(2)　15 − 8 =

(3)　13 − 5 =

(4)　12 − 3 =

(5)　16 − 8 =

(6)　13 − 7 =

(7)　15 − 9 =

(8)　11 − 8 =

(9)　12 − 4 =

(10)　17 − 9 =

(11)　11 − 2 =

(12)　12 − 7 =

(13)　13 − 8 =

(14)　11 − 5 =

(15)　14 − 7 =

(A3 141%・B4 122%拡大)

月　日

くりさがりのひきざん

なまえ

1　じゃがいもが　16こ　あります。9こ　たべました。じゃがいもは，なんこ　のこって　いますか。(7×2)

しき

こたえ

2　こどもが　13にんで　あそんで　います。そのうち　おんなのこは，8にんです。おとこのこは，なんにんですか。(7×2)

しき

こたえ

3　あめが　11こ　ありました。7こ　たべると，なんこ　のこりますか。(7×2)

しき

こたえ

4　でんせんに　とりが　12わ　とまって　いました。6わ　とんで　いきました。でんせんには　とりが　なんわ　いますか。(7×2)

しき

こたえ

5　クワガタが　11ぴき，カブトムシが　9ひき　います。どちらの　ほうが　なんびき　おおく　いますか。(7×2)

しき

こたえ

6　かさが　13ぼん　あります。7にんが　1ぽんずつ　かりました。かさは，なんぼん　あまりますか。(7×2)

しき

こたえ

7　えを　みて　11－5の　もんだいを　かきましょう。(16)

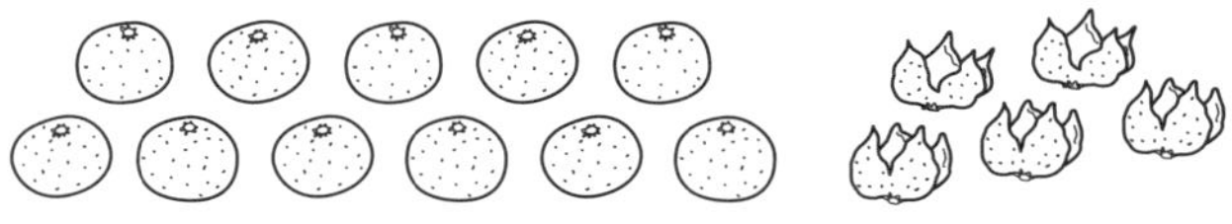

みかんが　11こ　ありました。　5こ　たべました。

(A3 141%・B4 122%拡大)

たしざん　ひきざん

なまえ

1 □に　あてはまる　かずを　かきましょう。(4×3)

(1) 5 + □ = 12

(2) □ + 8 = 14

(3) 7 + □ = 16

2 たしざんを　しましょう。(4×10)

(1) 4 + 9 =

(2) 8 + 7 =

(3) 2 + 9 =

(4) 7 + 6 =

(5) 5 + 9 =

(6) 5 + 6 =

(7) 9 + 4 =

(8) 7 + 5 =

(9) 9 + 9 =

(10) 9 + 6 =

3 □に　あてはまる　かずを　かきましょう。(4×2)

(1) 14 − □ = 5

(2) □ − 5 = 8

4 ひきざんを　しましょう。(4×10)

(1) 12 − 4 =

(2) 14 − 6 =

(3) 11 − 5 =

(4) 13 − 4 =

(5) 12 − 7 =

(6) 12 − 6 =

(7) 17 − 8 =

(8) 15 − 7 =

(9) 11 − 6 =

(10) 16 − 8 =

たしざん　ひきざん

なまえ

1　おりがみを　みはるさんは　6まい，おねえさんは　13まい　もって　います。(5×6)

(1)　どちらが　なんまい　おおいですか。

しき

こたえ

(2)　おねえさんが　みはるさんに　5まい　くれました。
みはるさんと　おねえさんは，それぞれ　なんまいに　なりましたか。

【みはるさん】

しき

こたえ

【おねえさん】

しき

こたえ

2　きょうしつに　15にん　こどもが　います。(5×4)

(1)　おとこのこが　9にんです。
おんなのこは，なんにんですか。

しき

こたえ

(2)　きょうしつから　7にん　でました。
きょうしつに　いる　こどもは，なんにんに　なりましたか。

しき

こたえ

3　かほさんは，はなを　7ほん　もって　います。つかささんは，それよりも　6ぽん　おおく　はなを　もって　います。(5×4)

(1)　つかささんは，はなを　なんぼん　もって　いますか。

しき

こたえ

(2)　つかささんの　はなが　4ほん　かれて　しまいました。つかささんの　はなは，なんぼんに　なりましたか。

しき

こたえ

4　したの　えを　みて，14－9に　なる　もんだいぶんを　かき，しきと　こたえも　かきましょう。(問題文 10　式と答え 10×2)

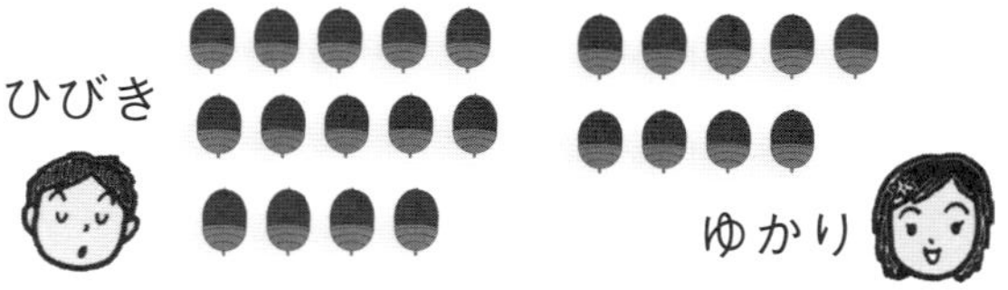

しき

こたえ

(A3 141%・B4 122%拡大)

月　日

かたち

なまえ

1　おなじ　なかまの　かたちを，あ，い，うから　えらんで，きごうを　かきましょう。(10×6)

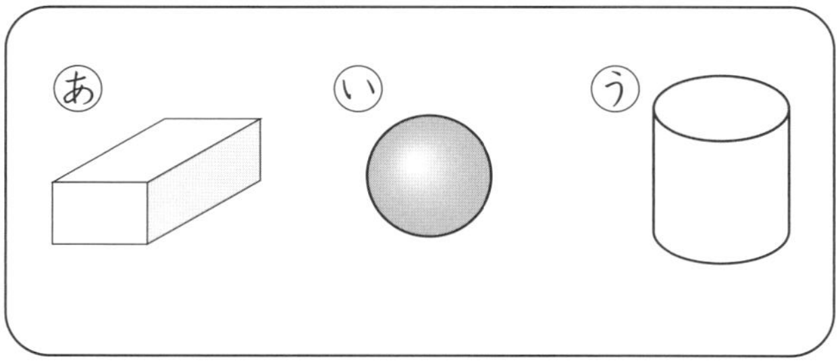

(1)

(2)

(3)

(4)

(5)

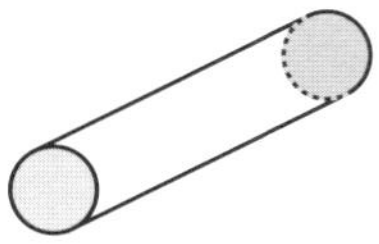

(6)

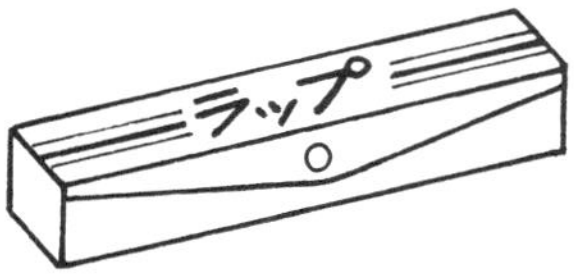

2　はこの　そこを　かみに　うつすと　どのような　かたちに　なりますか。きごうを　かきましょう。(10×4)

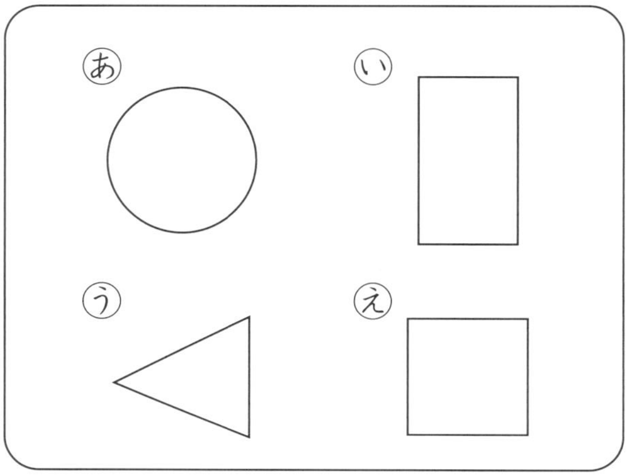

(1)

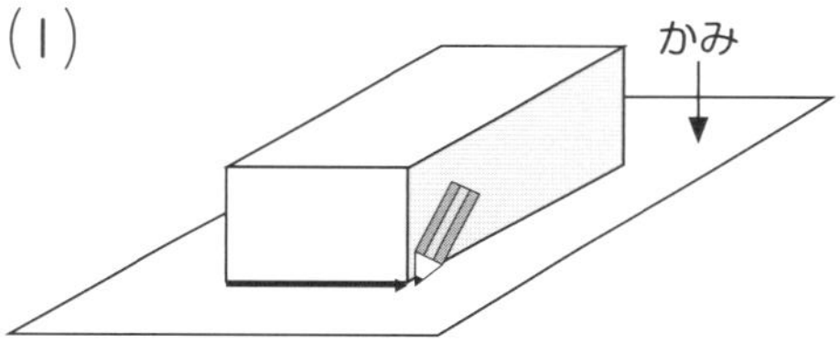

い

(2)

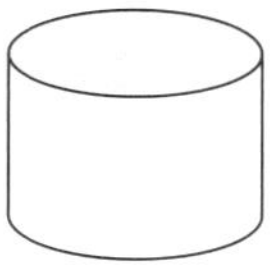

(3)

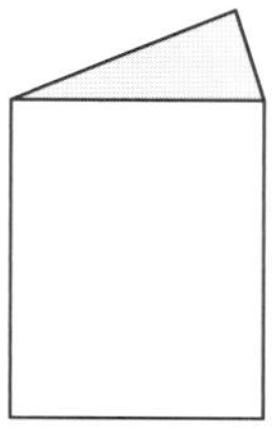

(4)

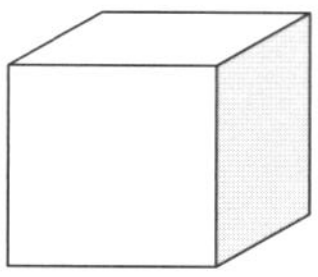

(A3 141%・B4 122%拡大)

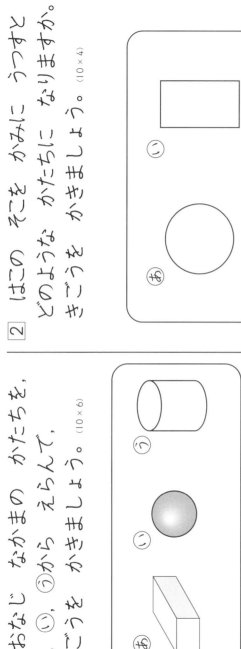

月　日

かたち

なまえ

● いろいろな　かたちの　なかまわけを　しましょう。
あてはまる　かたちを　ⓐ～ⓚから　えらんで，きごうを　かきましょう。
（10×10）

ⓐ

ⓘ

ⓤ

ⓔ

ⓞ

ⓚ

(1)　ころころと　ころがる　もの

(2)　ころころと　ころがるが，むきを　かえると　つみあげる　ことも　できる　もの

(3)　ころころと　ころがって，むきを　かえても　つみあげる　ことが　できない　もの

(4)　つみあげる　ことが　できて，ころころと　ころがらないもの

（A3 141%・B4 122%拡大）

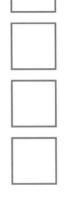

月　日

おおきいかず

なまえ

1 □に　かずを　かきましょう。(10×4)

(1)  □

(2) 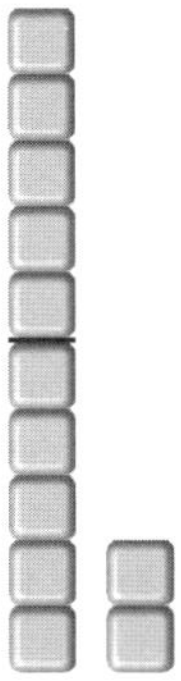 □

(3)  □

(4) 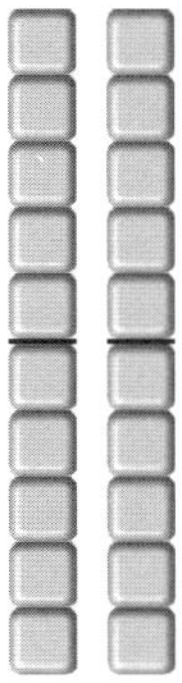 □

2 □に　あう　かずを　かきましょう。(10×4)

(1) 10と　3を　あわせた　かずは　□　です。

(2) 15は　10と　□　を　あわせた　かずです。

(3) 19は　□　と　9を　あわせた　かずです。

(4) □　は　10と　10を　あわせた　かずです。

3 あかい　ボールが　12こ，しろい　ボールが　6こ　あります。ボールは　あわせて　なんこ　ありますか。(5×2)

しき

こたえ

4 おとこのこは，19にん　います。おんなのこは，10にん　います。どちらの　ほうが　なんにん　おおいですか。(5×2)

しき

こたえ

(A3 141%・B4 122%拡大)

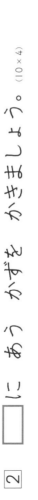

おおきいかず

なまえ

1　かずを　かぞえて　すうじで　かきましょう。(10×2)

(1)

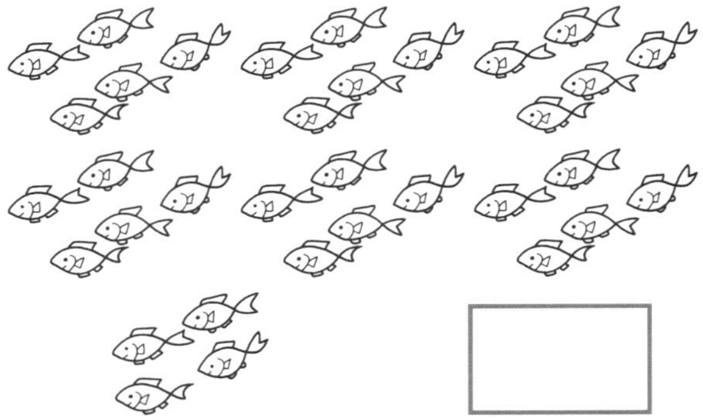

(2)

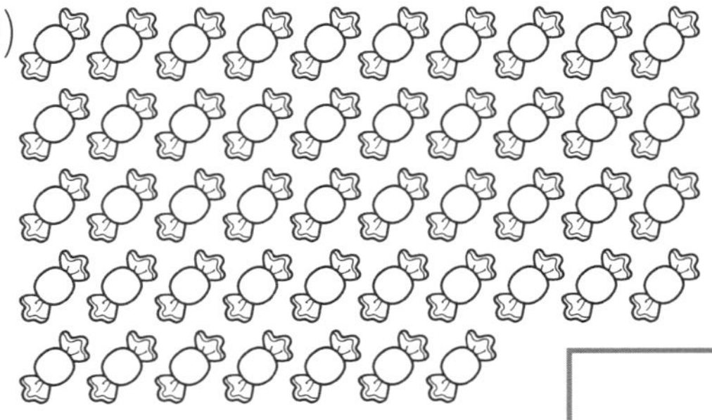

2　かずを　すうじで　かきましょう。(10×2)

(1)

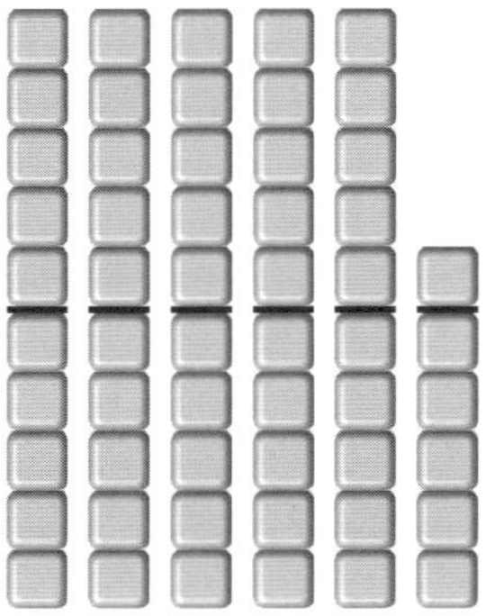

(2)

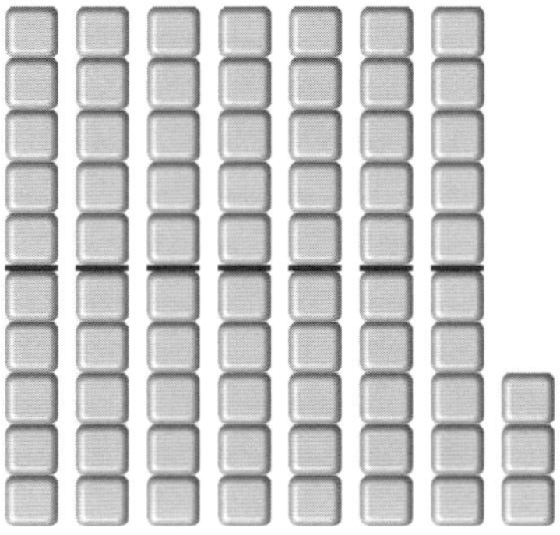

3　□に　あてはまる　かずを　かきましょう。(5×2)

(1) 96－97－98－□－□

(2) 60－70－80－□－□

4　□に　あてはまる　かずを　かきましょう。(4×5)

(1) 10を　8こと，1を　5こ　あわせた　かずは，□

(2) 59は，10を　□こと　1を　□こ　あわせた　かず。

(3) 十のくらいが　6で，一のくらいが　3の　かずは，□

(4) 10を　10こ　あつめた　かずは，□です。

5　けいさんを　しましょう。(5×6)

(1) 30 + 6 =

(2) 41 + 7 =

(3) 40 + 20 =

(4) 54 − 4 =

(5) 76 − 4 =

(6) 90 − 50 =

月　日

おおきいかず

なまえ

1　つぎの　かずを □ に　かきましょう。(5×4)

(1)　45よりも　3　おおきい　かず

□

(2)　76よりも　4　ちいさい　かず

□

(3)　100よりも　20　ちいさい　かず

□

(4)　100よりも　3　おおきい　かず

□

2　いろがみが　20まい　あります。40まい　かいました。あわせて　なんまいですか。(10×2)

しき

こたえ

3　たまごが　50こ　ありました。20こ　つかいました。たまごは，なんこ　のこって　いますか。(10×2)

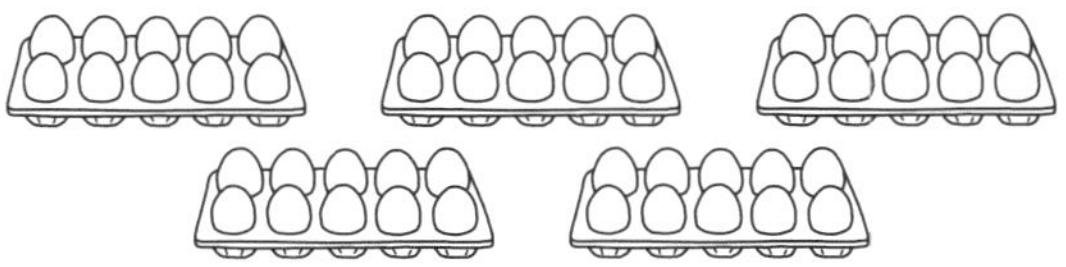

しき

こたえ

4　じゃがいもが　40こ　とれました。また　7こ　とれました。あわせて　なんこ　とれましたか。(10×2)

しき

こたえ

5　40えんの　おかしを　かいました。100えんを　だしました。おつりは，なんえんですか。(10×2)

しき

こたえ

(A3 141%・B4 122%拡大)

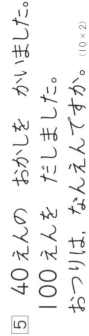

知識技能 B　　　　　　　　月　　日

おおきいかず

なまえ

1　なんこ　ありますか。かずを　すうじで　かきましょう。(10)

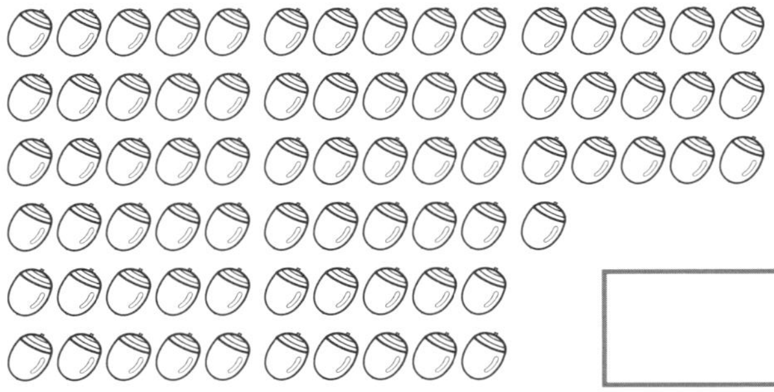

□

2　かずを　すうじで　かきましょう。(10 × 2)

(1)

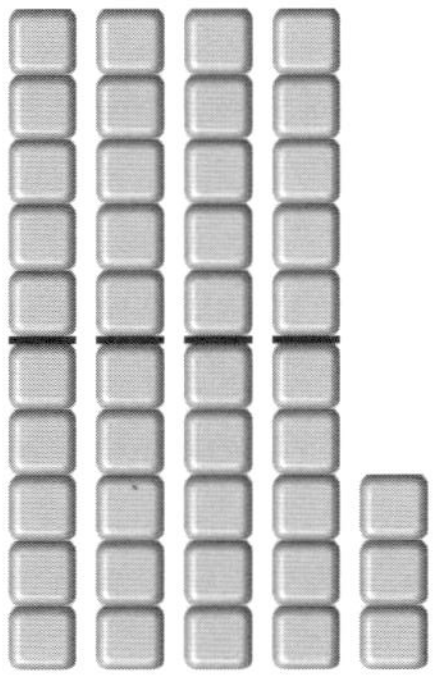

□

(2)

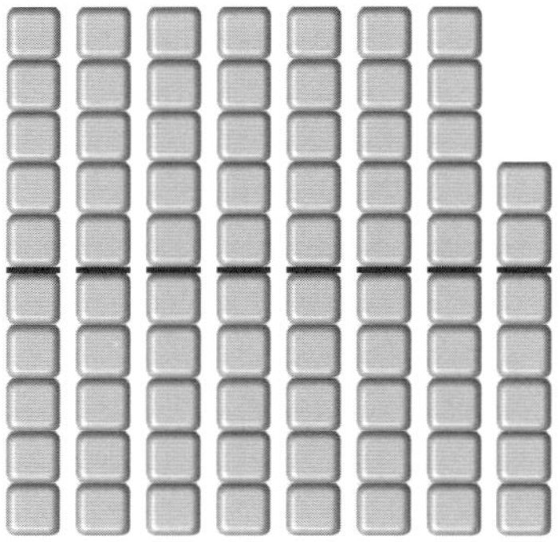

□

3　□に　あてはまる　かずを　かきましょう。(5 × 2)

(1)　10を　7こと，1を　4こ　あわせた　かずは，□です。

(2)　10を　10こ　あつめた　かずは，□です。

4　□に　あてはまる　かずを　かきましょう。(5 × 4)

(1)　55　60　□　□　75　80　□

(2)　40　50　60　□　□　90　□

(3)　□　□　98　97　96　95　□

(4)　106　□　□　109　110　□

5　かずの　おおきい　ほうに　○を　つけましょう。(5 × 2)

(1)　61　59

(2)　88　90

6　けいさんを　しましょう。(5 × 6)

(1)　60 + 8 =

(2)　52 + 4 =

(3)　30 + 40 =

(4)　78 − 8 =

(5)　80 − 50 =

(6)　100 − 20 =

(A3 141%・B4 122%拡大)

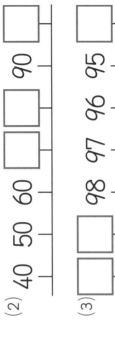

おおきいかず

なまえ

1　つぎの　かずを □ に　かきましょう。(5×4)

(1) 72よりも　7　おおきい　かず　□

(2) 96よりも　3　ちいさい　かず　□

(3) 98よりも　2　おおきい　かず　□

(4) 108よりも　8　ちいさい　かず　□

2　りんごジュースが　30ぽん　あります。ぶどうジュースが　50ぽん　あります。どちらが　なんぼん　おおいですか。(10×2)

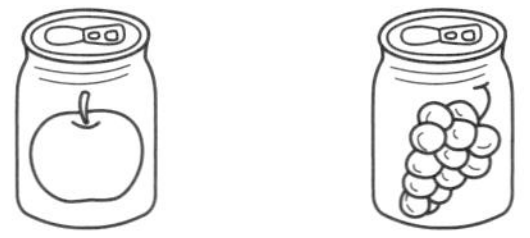

しき

こたえ

3　60えんと　40えんの　おかしを　かいました。あわせて　なんえんですか。(10×2)

しき

こたえ

4　48ほん　えんぴつが　あります。そのうち　7ほんは　けずりました。けずって　いない　えんぴつは，なんぼん　ありますか。(10×2)

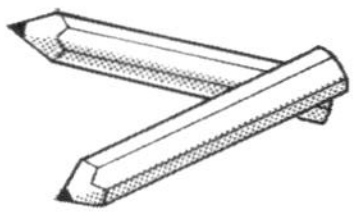

しき

こたえ

5　つぎの　きんがくに　なるように，おかねに　いろを　ぬりましょう。(10×2)

(1) 32えん

(2) 77えん

(A3 141%・B4 122%拡大)

月　日

ひろさくらべ

なまえ

1　ひろい　ほうに　○を　つけましょう。(20 × 3)

(1)

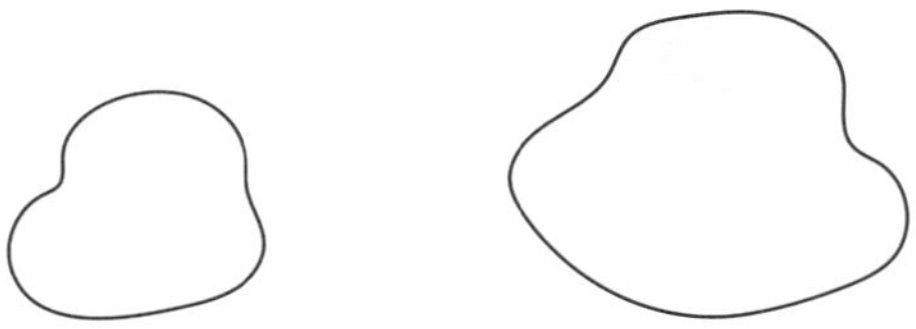

(　　)　(　　)

(2)

㋐ (　　)　㋑ (　　)

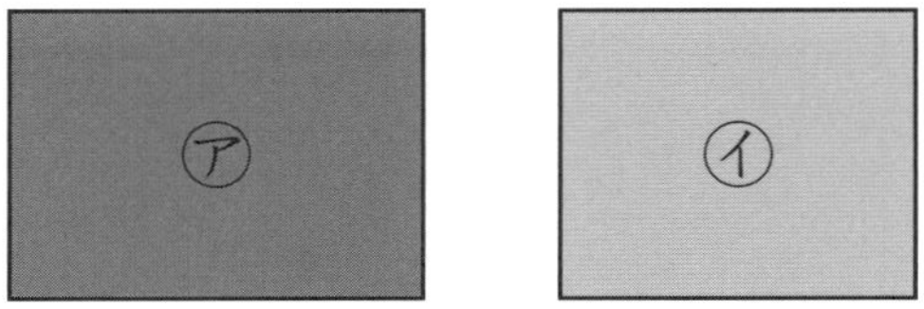

㋑を　㋐の　上に　かさねると

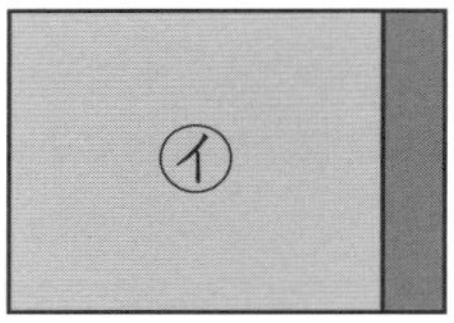

(3)

㋕ (　　)　㋖ (　　)

ノート　ハンカチ

㋕を　㋖の　上に　かさねると

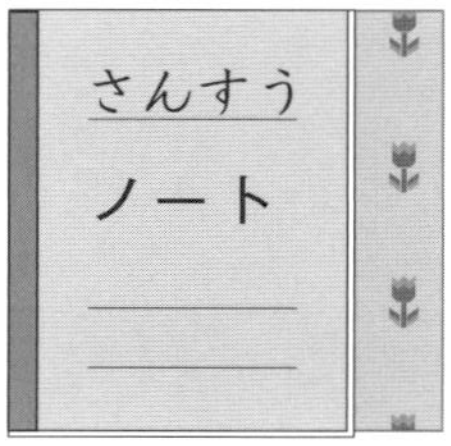

2　ひろい　じゅんに　1，2，3と　かきましょう。(20 × 2)

(1)　けいじばんの　ひろさを　くらべます。はって　ある　がようしの　ひろさは　おなじです。

(　　)

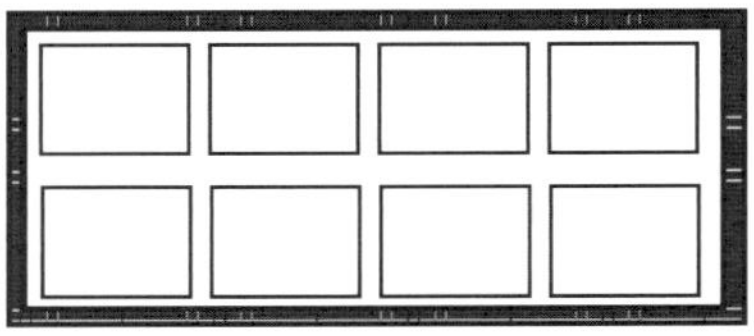

(　　)

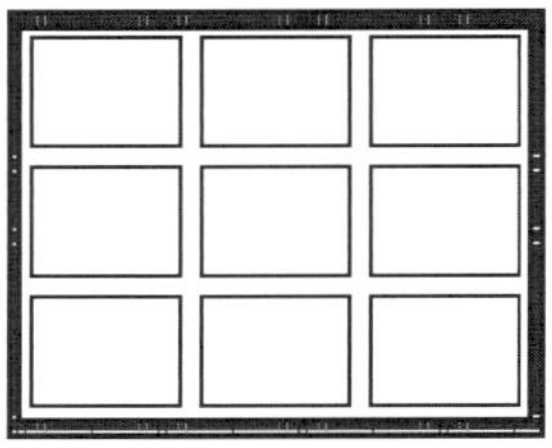

(　　)

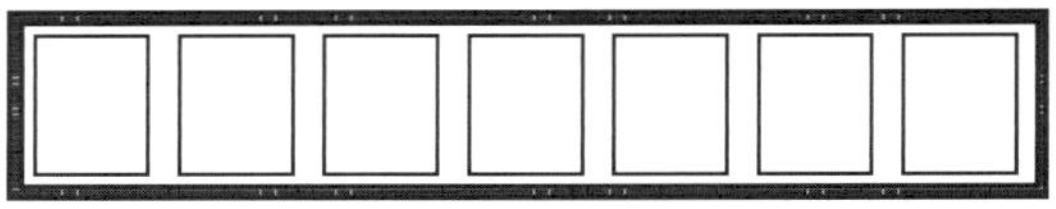

(2)　□は　おなじ　ひろさです。

(　　)

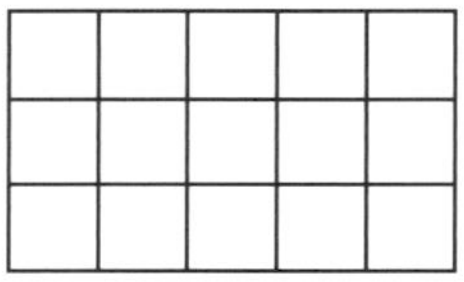

(　　)

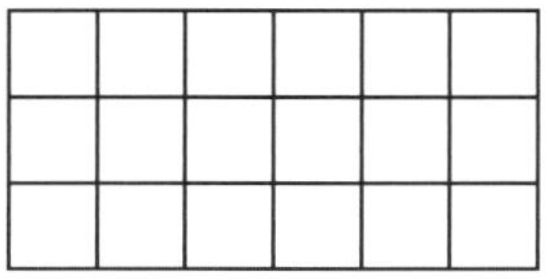

(　　)

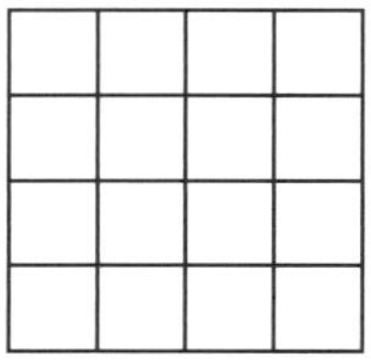

(A3 141%・B4 122%拡大)

ひろさくらべ

なまえ

1　ひろさを　くらべました。
□に　あてはまる　かずや
きごうを　かきましょう。（10×3）

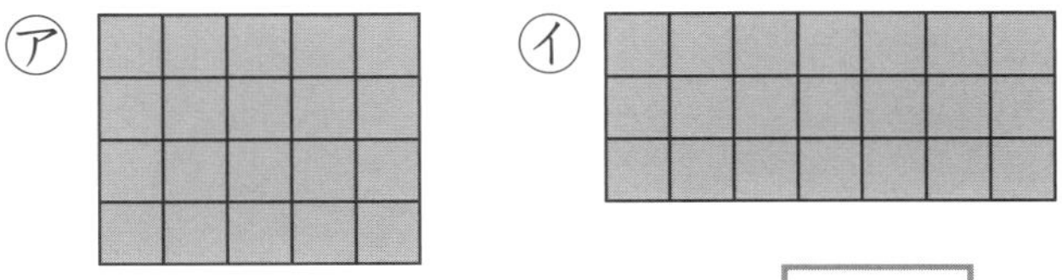

㋐の　ひろさは　■が　□　こ

㋑の　ひろさは　■が　□　こ

□の　ほうが　ひろいです。

2　ひろい　じゅんばんを
しらべました。□に　あてはまる
かずを　かきましょう。（10×4）

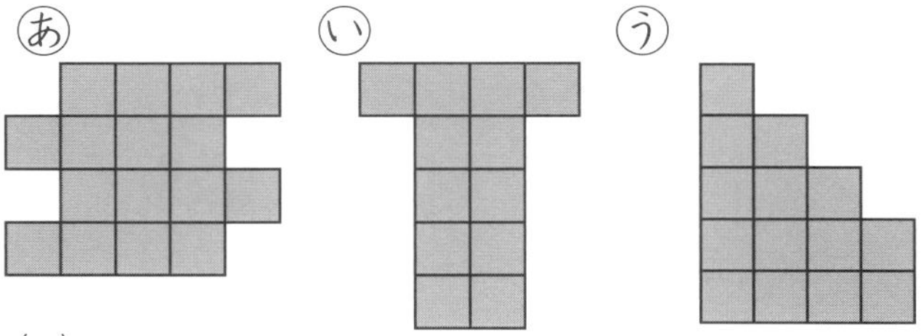

(1)

㋐の　ひろさは　■が　□　こ

㋑の　ひろさは　■が　□　こ

㋒の　ひろさは　■が　□　こ

(2)　ひろい　じゅんばんに　きごうで
かきましょう。

□ → □ → □

3　りょうさんと　しほさんで
ばしょとりゲームを　しました。

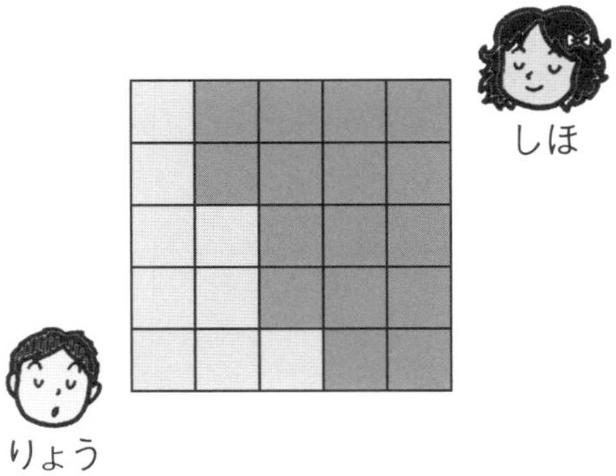

(1)　りょうさんの　ひろさは，□が
なんこぶんですか。（10）

□こぶん

(2)　しほさんの　ひろさは，■が
なんこぶんですか。（10）

□こぶん

(3)　どちらが　どれだけ　ひろい
ですか。（完答で 10）

□さんが

□こぶん　ひろい。

（A3 141%・B4 122%拡大）

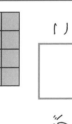

なんじなんぷん

なまえ ＿＿＿＿＿＿＿＿＿＿

1　とけいを　よみましょう。なんじなんぷんですか。（10×6）

(1) □ じ □ ぷん

(2) □ じ □ ぷん

(3) □ じ □ ぷん

(4) □ じ □ ぷん

(5) □ じ □ ぷん

(6) □ じ □ ぷん

2　とけいを　よみましょう。なんじなんぷんですか。（5×8）

(1) □ じ □ ぷん

(2) □ じ □ ふん

(3) □ じ □ ぷん

(4) □ じ □ ふん

(5) □ じ □ ぷん

(6) □ じ □ ふん

(7) □ じ □ ふん

(8) □ じ □ ぷん

（A3 141%・B4 122%拡大）

知識技能 B　　月　日

なんじなんぷん

なまえ

1　とけいを　よみましょう。なんじなんぷんですか。(5×12)

(1) □ じ □ ぷん

(2) □ じ □ ぷん

(3) □ じ □ ぷん

(4) □ じ □ ふん

(5) □ じ □ ふん

(6) □ じ □ ふん

(7) □ じ □ ふん

(8) □ じ □ ふん

(9) □ じ □ ぷん

(10) □ じ □ ふん

(11) □ じ □ ふん

(12) □ じ □ ぷん

2　なんじなんぷんを　さして　いますか。ア〜エから　えらびましょう。(10×4)

(1) □

(2) □

(3) □

(4) □

ア 11:03　イ 4:30　ウ 12:57　エ 6:23

(A3 141%・B4 122%拡大)

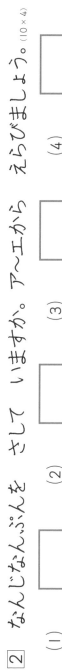

たしざんとひきざん

なまえ

1　4にんが　さんりんしゃに　のると，さんりんしゃは　2だい　あまりました。さんりんしゃは，ぜんぶで　なんだい　ありますか。ずの □ に　あてはまる　かずを　かき，しきと　こたえを　かきましょう。(5×5)

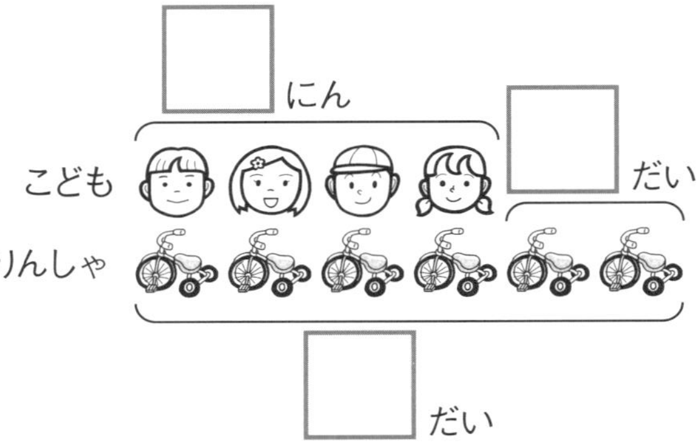

しき

こたえ

2　ゆきさんは，どんぐりを　11こ　ひろいました。しょうたさんは，ゆきさん　よりも　5こ　すくなく　ひろいました。しょうたさんは，なんこ　ひろいましたか。□ に　あてはまる　かずを　かき，しきと　こたえを　かきましょう。(5×5)

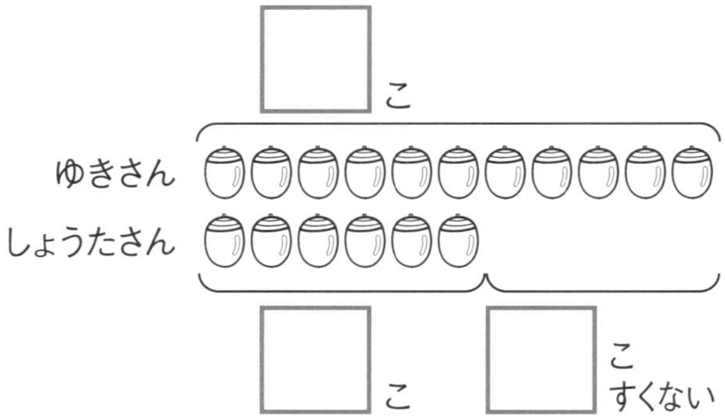

しき

こたえ

3　こどもが，13にん　ならんで　います。ゆうまさんは，まえから　6ばんめです。ゆうまさんの　うしろには　なんにん　いますか。□ に　あてはまる　かずを　かき，しきと　こたえを　かきましょう。(5×5)

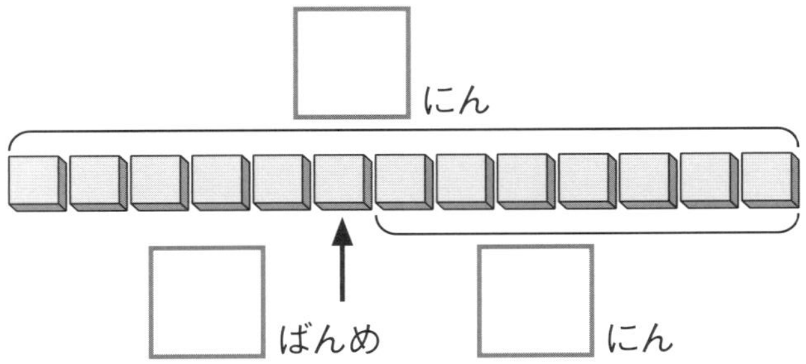

しき

こたえ

4　はるみさんは，まえから　5ばんめに　います。はるみさんの　うしろには，6にん　います。みんなで　なんにん　ならんで　いますか。□ に　あてはまる　かずを　かき，しきと　こたえを　かきましょう。(5×5)

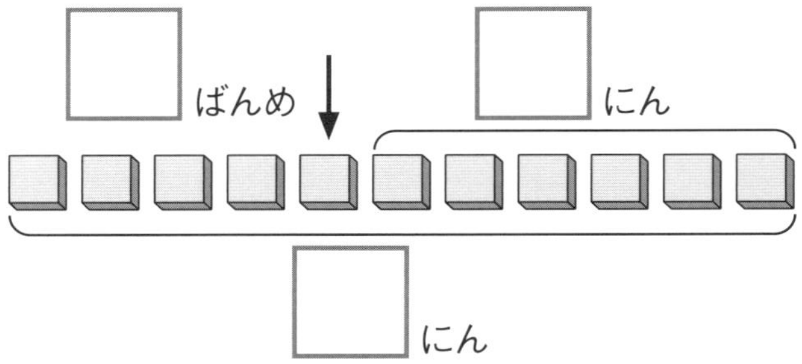

しき

こたえ

(A3 141%・B4 122%拡大)

月　日

たしざんとひきざん

なまえ

1　ともきさんは，カードを　9まい　もって　います。あおいさんは，ともきさんよりも　6まい　おおく　もって　います。
あおいさんは，カードを　なんまい　もって　いますか。(10×2)

しき

こたえ

2　プリンが　13こ　あります。
スプーンは，9ほんしか　ありません。
スプーンは　なんぼん　たりませんか。(10×2)

しき

こたえ

3　にゅうじょうけんが　15まい　あります。
10にんに　1まいずつ　くばります。
にゅうじょうけんは，なんまい　のこりますか。(10×2)

しき

こたえ

4　バスていに　16にん　ならんで　います。りゅうさんは　まえから　7ばんめです。
りゅうさんの　うしろには　なんにん　ならんで　いますか。(10×2)

しき

こたえ

5　こどもが　ならんで　います。
あきさんは，まえから　7ばんめです。
うしろには，10にん　います。
ぜんぶで　なんにんの　こどもが　ならんで　いますか。(10×2)

しき

こたえ

(A3 141%・B4 122%拡大)

月　　日

たしざんとひきざん

なまえ

1　うさぎが　15ひき　います。
にんじんを　1ぴきに　1ぽんずつ
くばると，2ほん　たりませんでした。
にんじんは，なんぼん　ありましたか。(5×2)

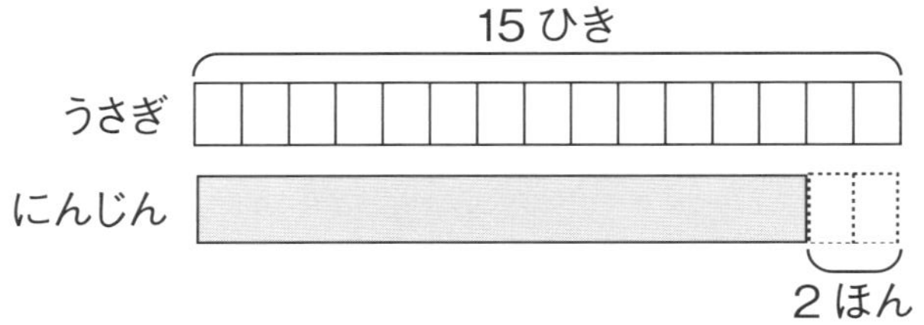

しき □ − □ ＝ □

こたえ

2　ともさんは，みかんを　8こ　もって
います。れいさんは，ともさんよりも
5こ　おおく　もって　います。
れいさんは，みかんを　なんこ　もって
いますか。(10×2)

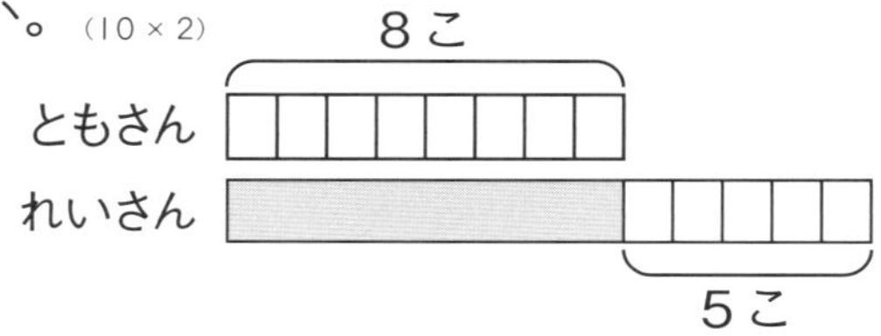

しき

こたえ

3　けいたさんは　9さいです。おとうとは，
けいたさんよりも　4さい　とししたです。
けいたさんの　おとうとは，なんさい
ですか。(10×2)

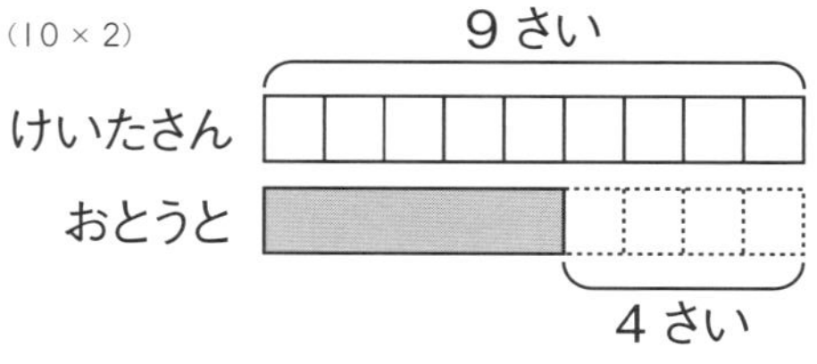

しき

こたえ

4　るいさんが　れつに　ならんでいます。
るいさんの　まえには　6にん　います。
るいさんは，まえから　なんばんめですか。
(5×2)

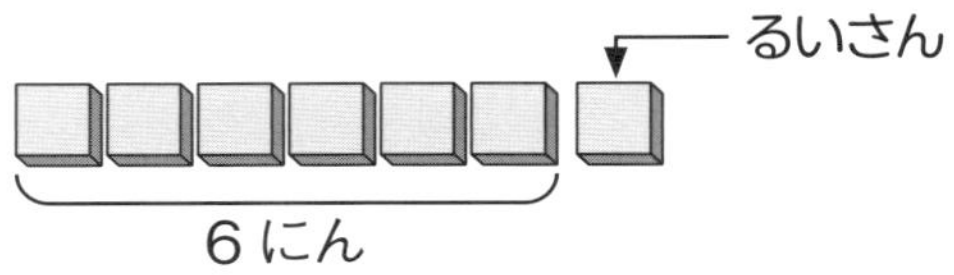

しき □ ＋ □ ＝ □

こたえ

5　かいさんは，まえから　5ばんめに
ならんで　います。
かいさんの　うしろには，9にん　います。
みんなで　なんにん　ならんで　いますか。
(10×2)

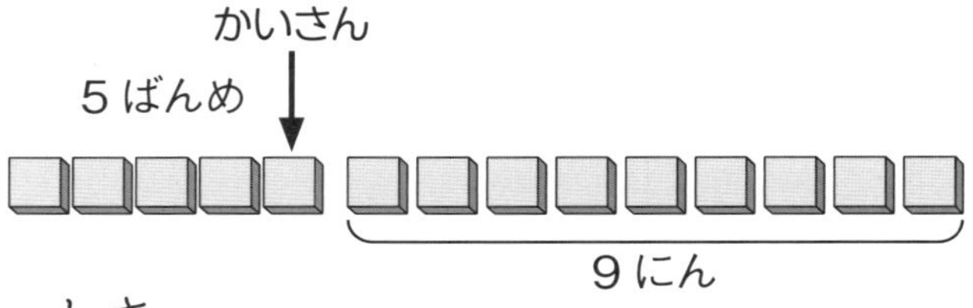

しき

こたえ

6　12にん　ならんで　います。
ひかるさんは，まえから　7ばんめに
います。
ひかるさんの　うしろには，なんにん
ならんで　いますか。(10×2)

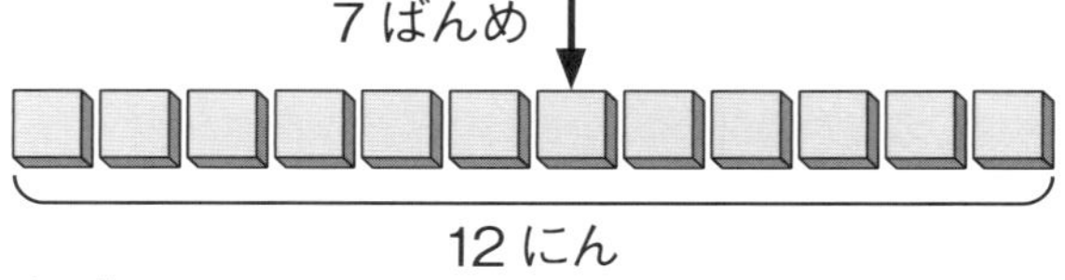

しき

こたえ

(A3 141%・B4 122%拡大)

月　日

たしざんとひきざん

なまえ ＿＿＿＿＿＿＿＿

1　なすが　6こ　あります。ピーマンは なすよりも　5こ　おおく　あります。
　ピーマンは　なんこ　ありますか。(6×2)

しき

こたえ ＿＿＿＿＿＿

2　うさぎが　7ひき　います。うさぎに 1ぽんずつ　にんじんを　やると，5ほん　のこりました。
　にんじんは，なんぼん　ありましたか。(6×2)

しき

こたえ ＿＿＿＿＿＿

3　こどもが　2れつに　ならんで　います。みぎがわには　7にん，ひだりがわには 9にん　ならんで　います。
　ぜんぶで　なんにん　いますか。(6×2)

しき

こたえ ＿＿＿＿＿＿

4　12にんが，いすに　すわります。いすは，8きゃく　あります。
　いすは，なんきゃく　たりませんか。(6×2)

しき

こたえ ＿＿＿＿＿＿

5　こどもが　14にん　ならんで　います。まことさんは，まえから　6ばんめです。
　まことさんの　うしろには，なんにん いますか。(6×2)

しき

こたえ ＿＿＿＿＿＿

6　かりんさんは，まえから　7ばんめです。うしろに　7にん　ならんで　います。
　みんなで　なんにん　ならんで いますか。(6×2)

しき

こたえ ＿＿＿＿＿＿

7　ラーメンやさんに　16にん　ならんで います。ふとしさんの　うしろには，9にん　います。
　ふとしさんは，まえから　なんばんめに いますか。(6×2)

しき

こたえ ＿＿＿＿＿＿

8　パンやに　14にん　ならんで　います。パンは　あと　8にんぶんしか ありません。
　かう　ことが　できないのは，なんにん ですか。(8×2)

しき

こたえ ＿＿＿＿＿＿

(A3 141%・B4 122%拡大)

知識技能 A　　　　月　　日

かたち(2)

なまえ ＿＿＿＿＿＿＿＿

□1 みぎと　おなじ　いろいたの
おおきさに　くぎりましょう。
いろいたが　なんまいで　できて
いますか。(10 × 3)

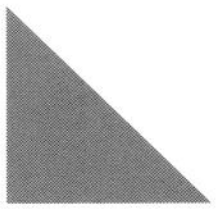

いろいた

(1)

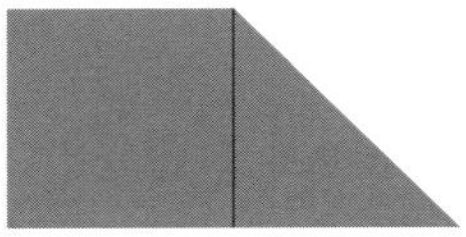

［　　］まい

(2)

［　　］まい

(3)

［　　］まい

□2 ぼうが　なんぼんで　できて　いますか。(10 × 2)

(1)

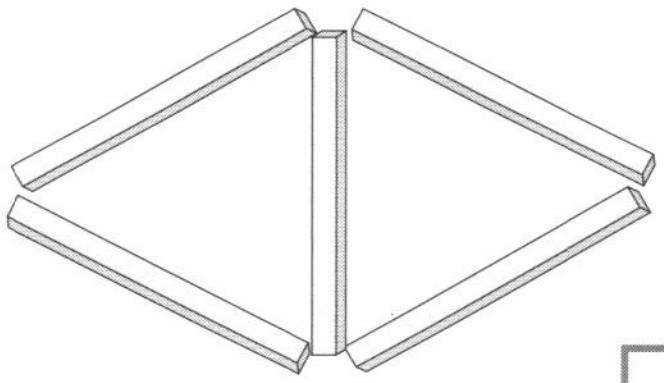

［　　］ほん

(2)

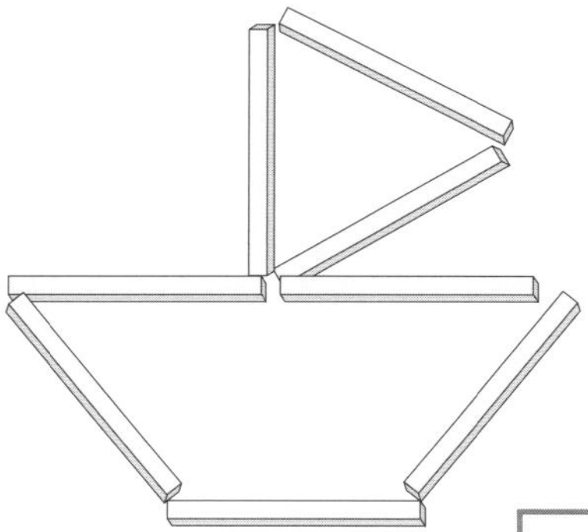

［　　］ほん

□3 つづきを　かきましょう。
てんを　つないで，おなじ　かたちを
かきましょう。(10 × 5)

(1)

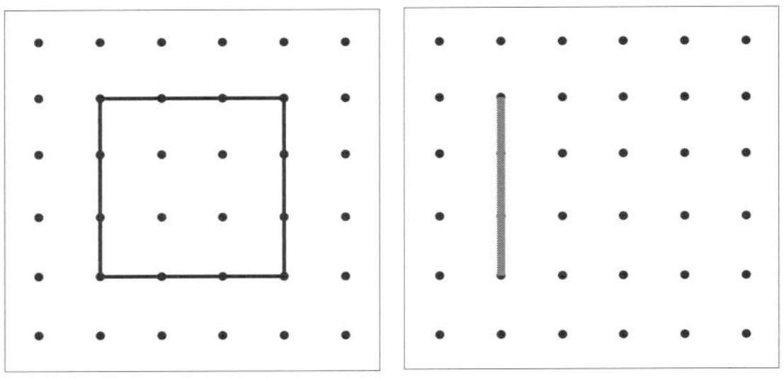

(2)

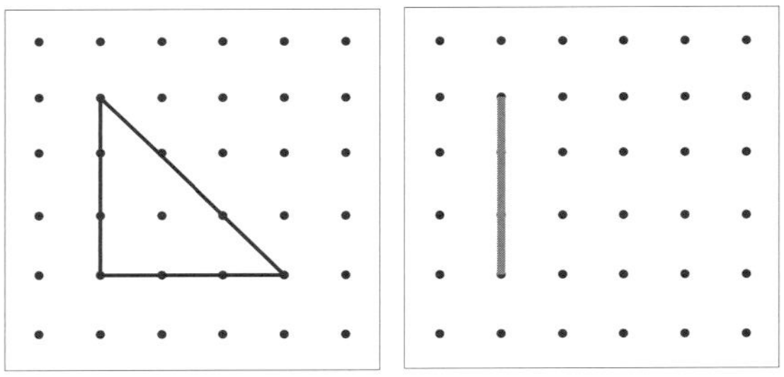

(3)

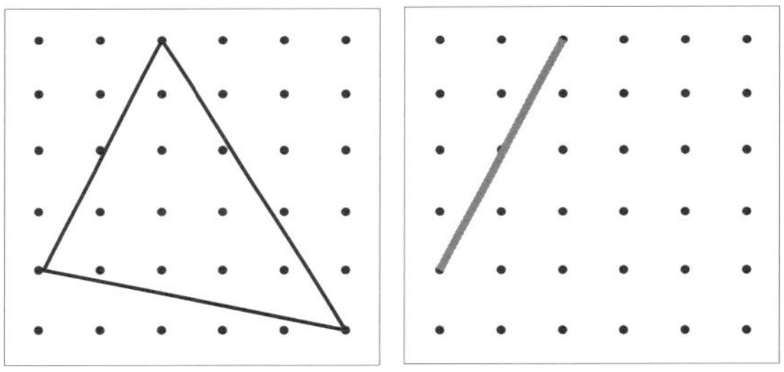

(4)

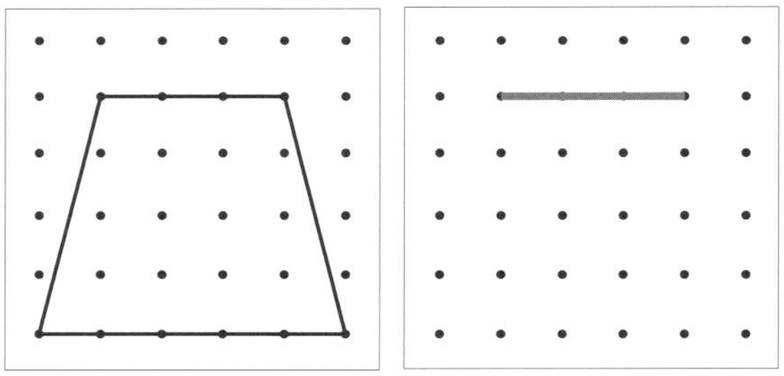

(5)

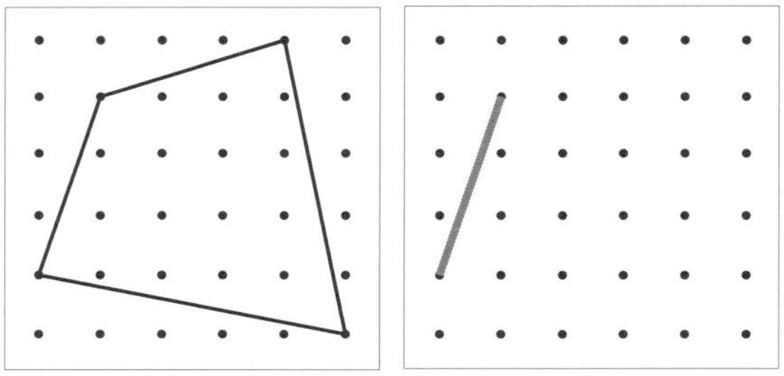

(A3 141%・B4 122%拡大)

月　日

かたち(2)

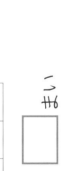

なまえ

|　を　なんまい　つかって　できた　かたちですか。□に　まいすうを　かきましょう。また，それぞれの　かたちに　1まい　つけたして　できる　かたちを，したから　えらんで〔　〕に　きごうを　かきましょう。(10×10)

(1)

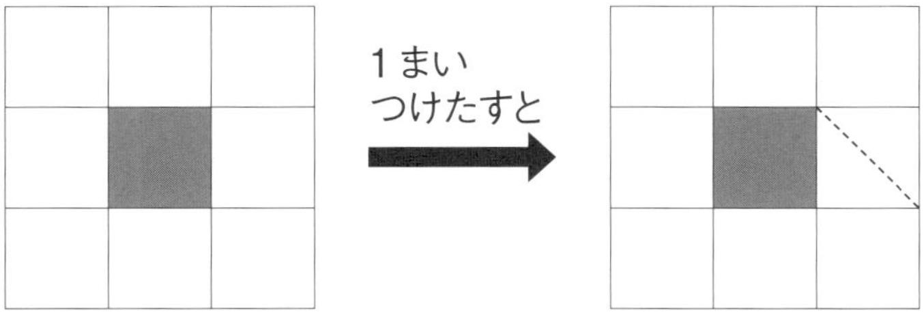

□まい　　〔　　〕

(2)

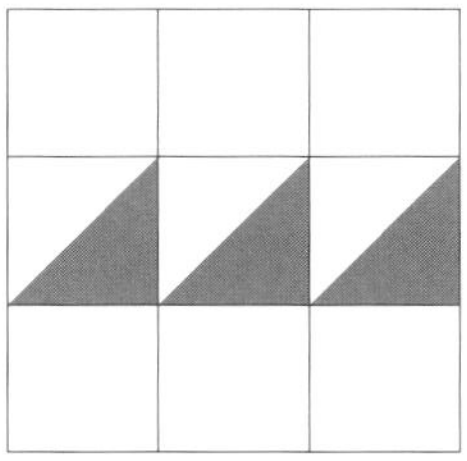

□まい〔　　〕

(3)

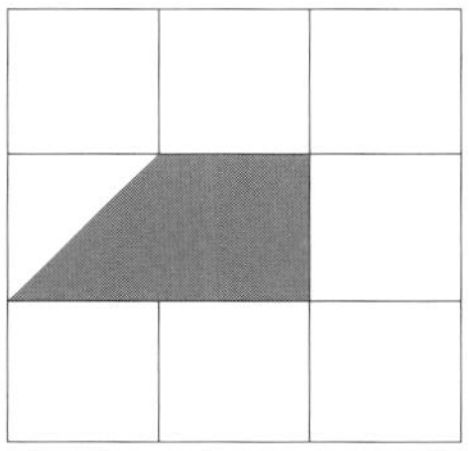

□まい〔　　〕

(4)

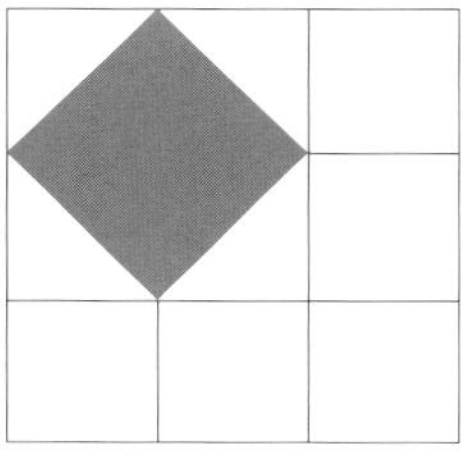

□まい〔　　〕

(5)

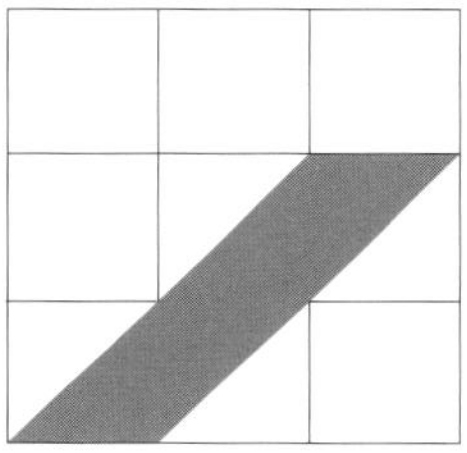

□まい〔　　〕

ア

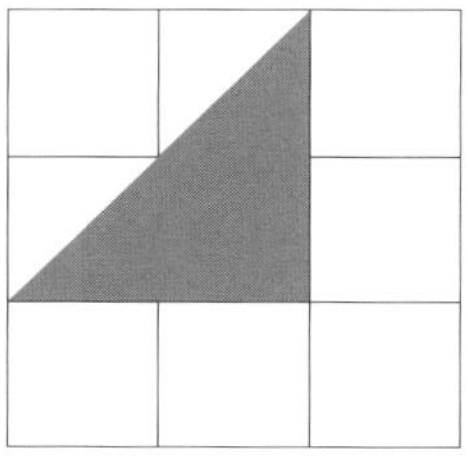

イ

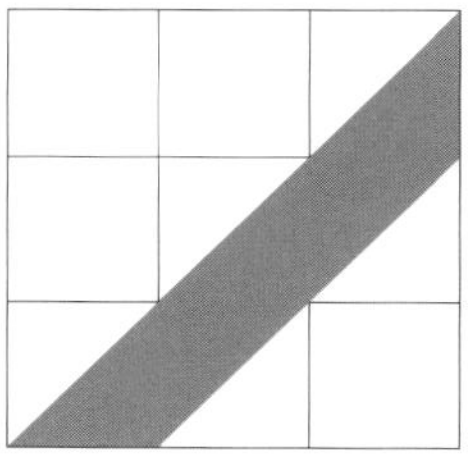

ウ

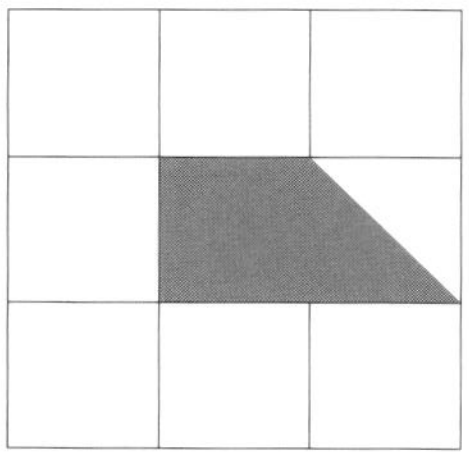

エ

オ

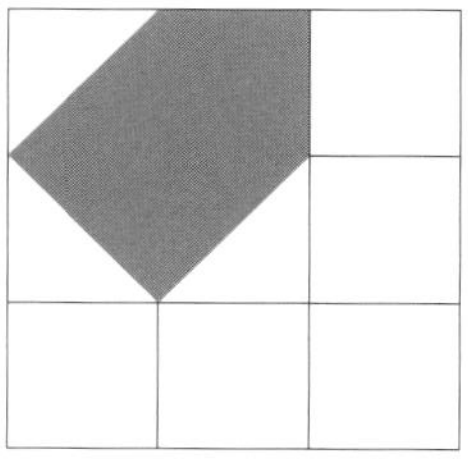

(A3 141%・B4 122%拡大)

月　日

かたち(2)

なまえ

1　みぎと　おなじ　いろいたの　おおきさに　くぎりましょう。いろいたが　なんまいで　できて　いますか。(10×3)

いろいた

(1)

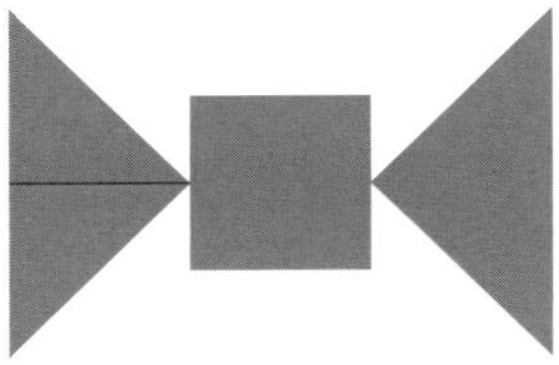

まい

(2)

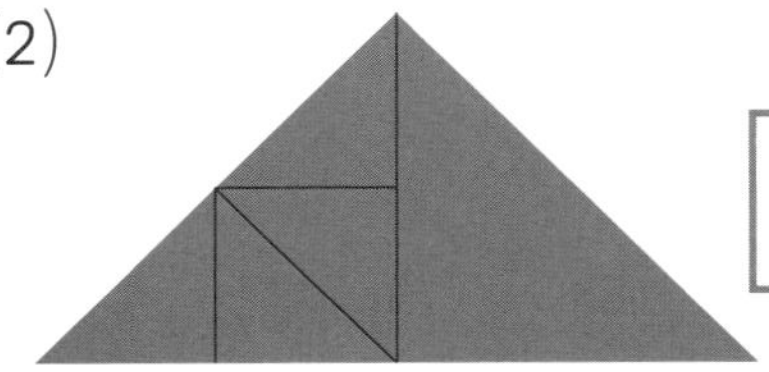

まい

(3)

まい

2　ぼうが　なんぼんで　できて　いますか。(10×2)

(1)

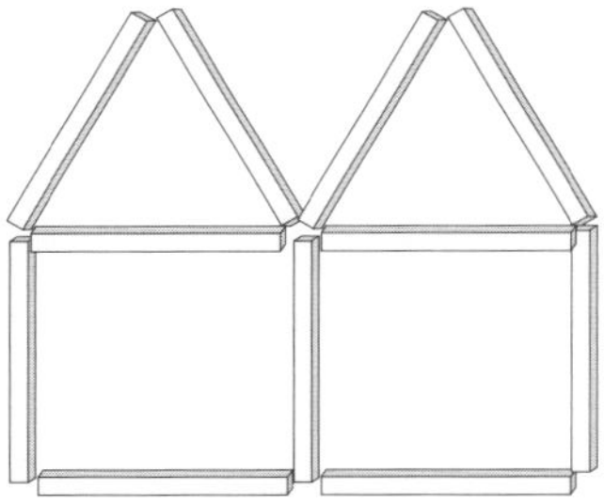

ぼん

(2)

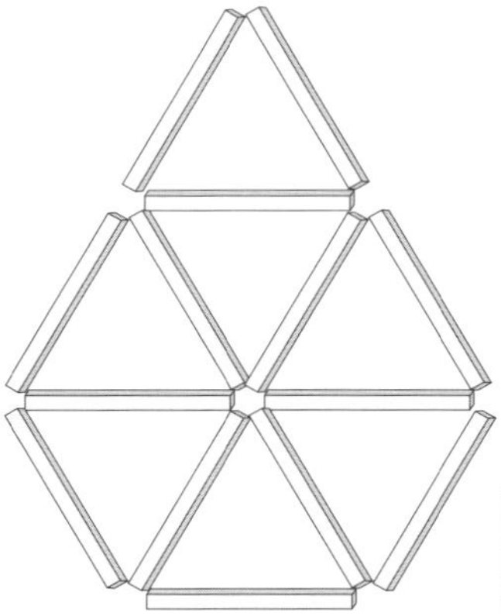

ほん

3　てんを　つないで，おなじ　かたちを　かきましょう。(10×5)

(1)

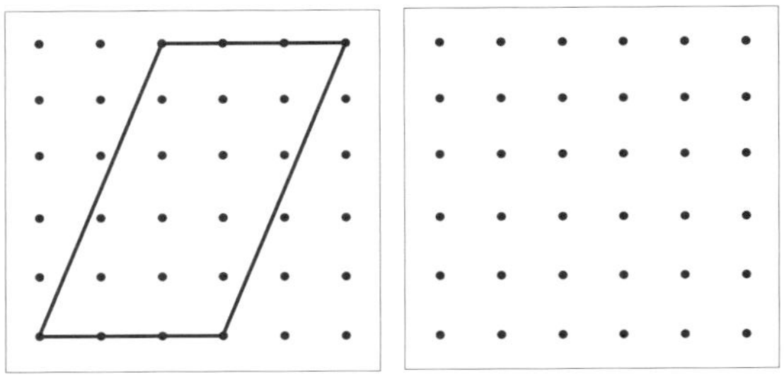

(2)

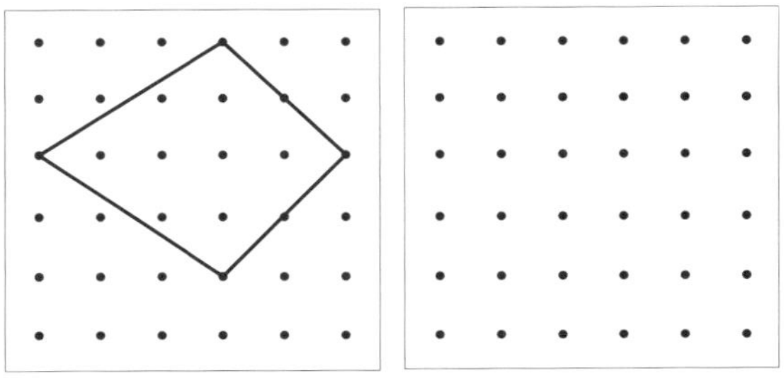

(3)

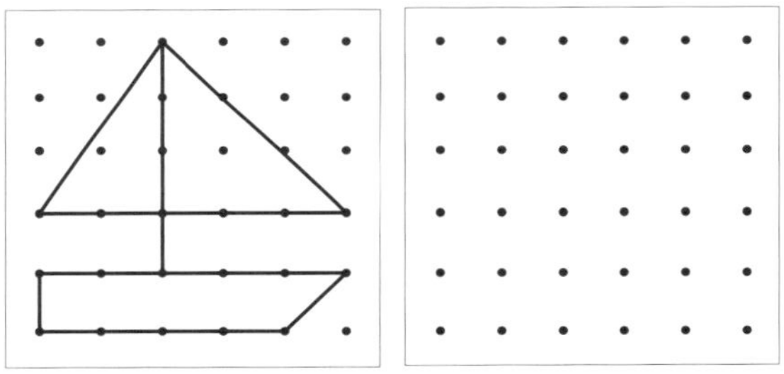

(4)

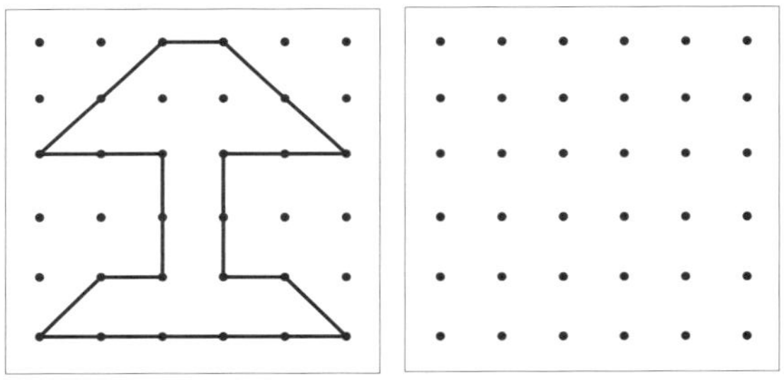

(5)

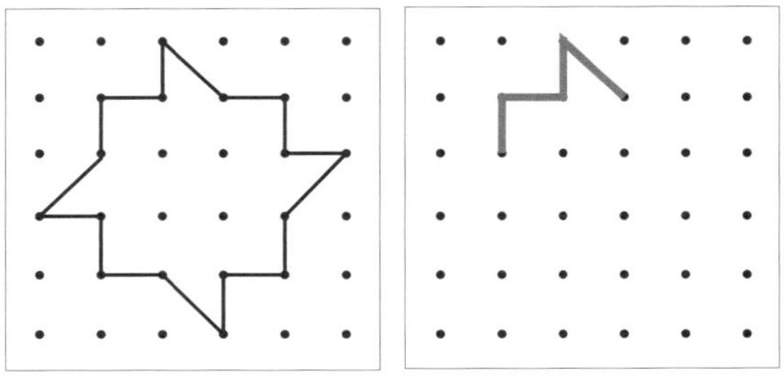

(A3 141%・B4 122%拡大)

月　日

かたち(2)

なまえ

1 ◢を　なんまい　つかって　できた　かたちですか。□に　まいすうを　かきましょう。また，◢を　1まい　うごかして　できる　かたちを，したから　えらんで〔　〕に　きごうを　かきましょう。(10×10)

(1)
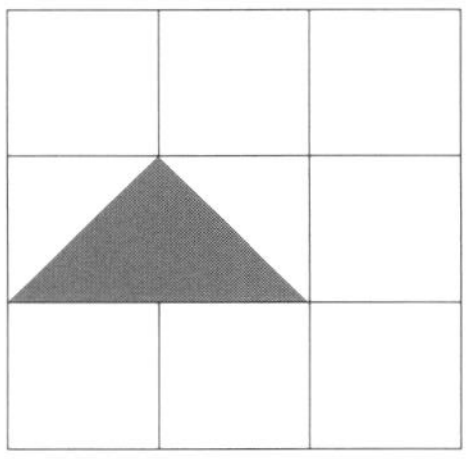

□まい〔　〕

(2)
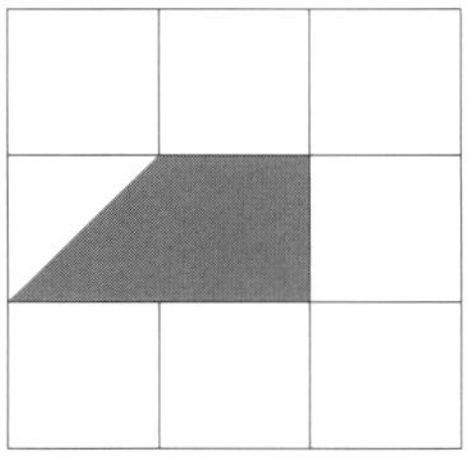

□まい〔　〕

(3)
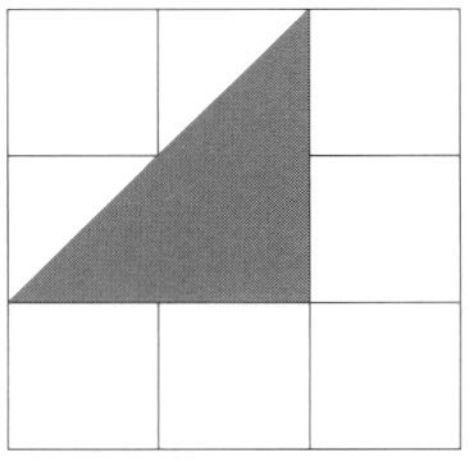

□まい〔　〕

(4)
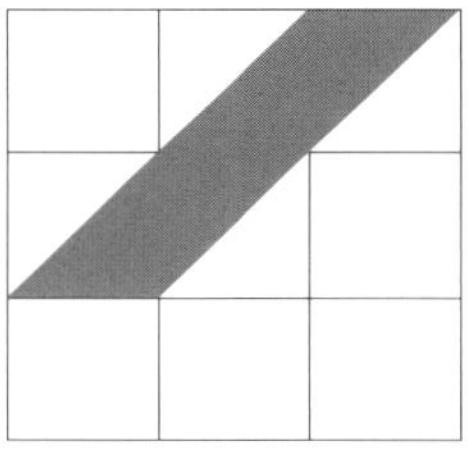

□まい〔　〕

(5)
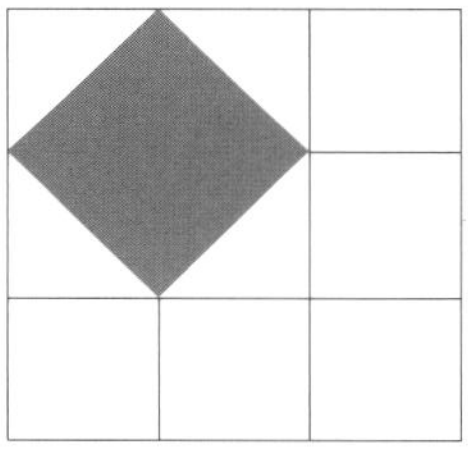

□まい〔　〕

ア
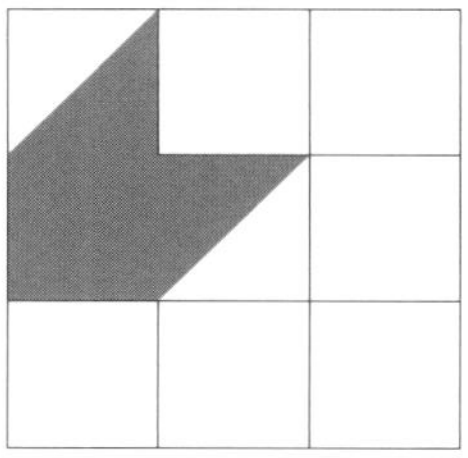

イ
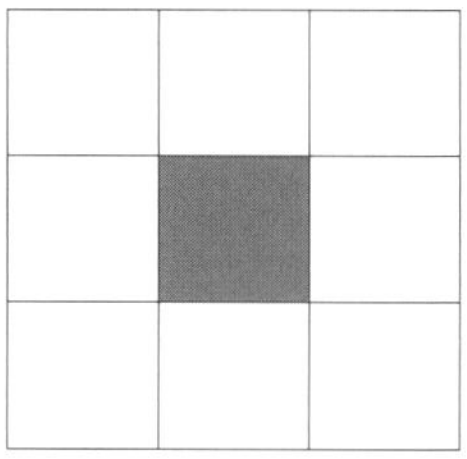

ウ
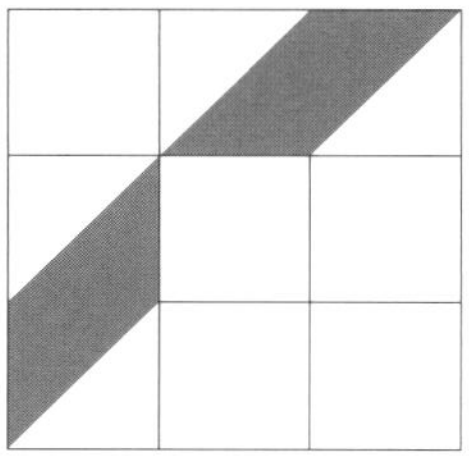

エ
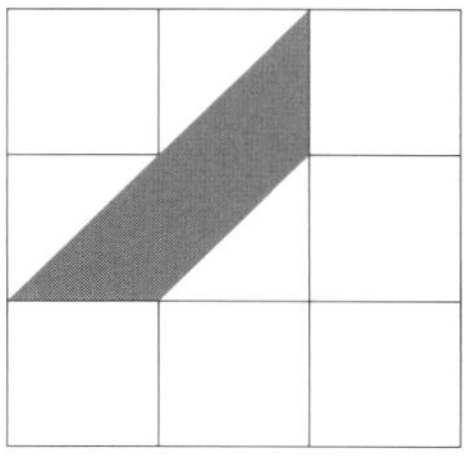

オ
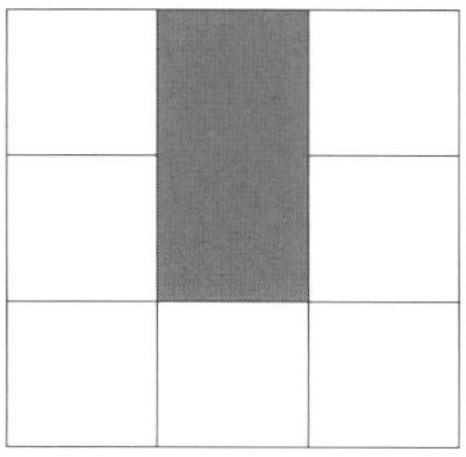

(A3 141%・B4 122%拡大)

月　日

学年のまとめ

なまえ ＿＿＿＿＿＿＿＿

1 □に　あてはまる　かずを　かきましょう。(5×4)

(1) 17は　10と □ を　あわせた　かずです。

(2) 10と　9を　あわせた　かずは □ です。

(3) 73は，10を □ こと，1を □ こ　あわせた　かずです。

(4) 10を　10こ　あつめた　かずは □ です。

2 □に　あてはまる　かずを　かきましょう。(5×4)

(1) 50―60―□―□―90

(2) 98―99―□―□―102

(3) 90―95―□―105―□

(4) □―109―□―111―112

3 たしざんを　しましょう。(5×6)

(1) 6＋3＝

(2) 10＋6＝

(3) 5＋6＝

(4) 4＋9＝

(5) 8＋7＝

(6) 20＋40＝

4 ひきざんを　しましょう。(5×6)

(1) 8－4＝

(2) 17－5＝

(3) 12－7＝

(4) 16－9＝

(5) 14－8＝

(6) 83－3＝

(A3 141%・B4 122%拡大)

学年のまとめ

なまえ

1 ミニトマトが　きのう　10こ　とれました。きょうは　8こ　とれました。ミニトマトは，あわせて　なんこ　とれましたか。（10×2）

しき

こたえ

2 いちごが　12こ　ありました。7こ　たべました。のこりは，なんこですか。（10×2）

しき

こたえ

3 こうえんに　おとこのこが　13にん，おんなのこが，9にん　います。おとこのこと　おんなのこでは，どちらが　なんにん　おおいですか。（10×2）

しき

こたえ

4 バスに　14にん　のって　いました。つぎの　バスていで　4にん　おりて，9にん　のりました。バスには，なんにん　のって　いますか。（10×2）

しき

こたえ

5 70えんの　アイスクリームを　かって，100えんを　はらいました。おつりは　なんえんに　なりますか。（10×2）

しき

こたえ

（A3 141%・B4 122%拡大）

月　日

学年のまとめ

なまえ

1　□に　あてはまる　かずを　かきましょう。(4 × 3)

(1)　60は　10を　□こ　あつめた　かずです。

(2)　100は　70より　□　おおきい　かずです。

(3)　十のくらいが　6，一のくらいが　2の　かずは，□です。

2　なんじなんぷんですか。(4 × 2)

(1)

□じ□ぷん

(2)
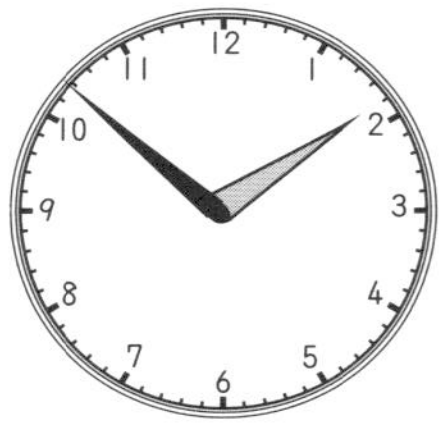
□じ□ふん

3　ながさくらべを　します。たてと　よこでは，どちらが　ながいですか。(8)

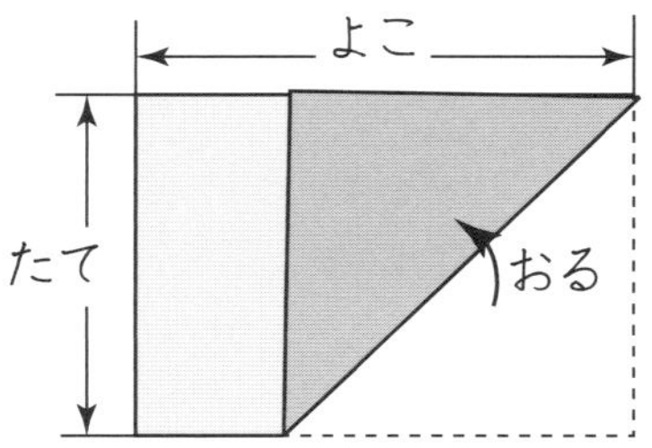

□

4　おおきい　かずの　ほうに　○を　つけましょう。(4 × 2)

(1)　98　101

(2)　120　102

5　けいさんを　しましょう。(4 × 16)

(1)　9 + 4 =

(2)　7 + 7 =

(3)　4 + 8 =

(4)　11 − 7 =

(5)　17 − 8 =

(6)　12 − 6 =

(7)　50 + 30 =

(8)　62 + 6 =

(9)　7 + 32 =

(10)　90 − 30 =

(11)　74 − 4 =

(12)　59 − 3 =

(13)　10 + 3 + 3 =

(14)　17 − 4 − 5 =

(15)　16 − 6 − 5 =

(16)　13 + 2 − 9 =

(A3 141%・B4 122%拡大)

学年のまとめ

なまえ

1　こどもが　16にん　います。そのうち　9にんが　おんなのこです。おとこのこは，なんにんですか。(5×2)

しき

こたえ

2　くろの　えんぴつが　8ぽん，いろえんぴつが　4ほん　あります。あわせて　なんぼんに　なりますか。(5×2)

しき

こたえ

3　うしが　9とう，うまが 13とう　います。うまの　ほうが　なんとう　おおいですか。(5×2)

しき

こたえ

4　おりがみを　30まい　もって　いました。50まい　かいました。おりがみは　なんまいに　なりましたか。(5×2)

しき

こたえ

5　きに　せみが　9ひき　います。3びき　きました。せみは　なんびきに　なりましたか。(5×2)

しき

こたえ

6　みかんが　13こ　ありました。8こ　たべました。なんこ　のこって　いますか。(5×2)

しき

こたえ

7　なべと　やかんでは，どちらが　コップ　なんばいぶん　おおく　はいりますか。(10)

□ が，コップ □ はいぶん　おおい。

8　いけに　かえるが　7ひき　いました。6ぴき　やって　きました。また，5ひき　きました。いけの　かえるは，なんびきに　なりましたか。(5×2)

しき

こたえ

9　70ページの　ほんを　よみます。50ページまで　よみました。あと　なんページで　よみ　おわりますか。(5×2)

しき

こたえ

10　わたしは　くりを　42こ　ひろいました。さおりさんは　48こ　ひろいました。どちらが　なんこ　おおく　ひろいましたか。(5×2)

しき

こたえ

(A3 141%・B4 122%拡大)

解答

児童に実施させる前に，必ず指導される方が問題を解いてください。本書の解答は，あくまでも１つの例です。指導される方の作られた解答をもとに，本書の解答例を参考に児童の多様な考えに寄り添って○つけをお願いします。

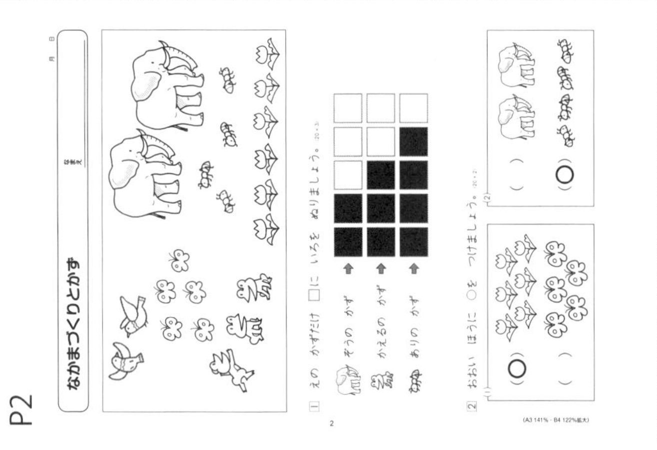

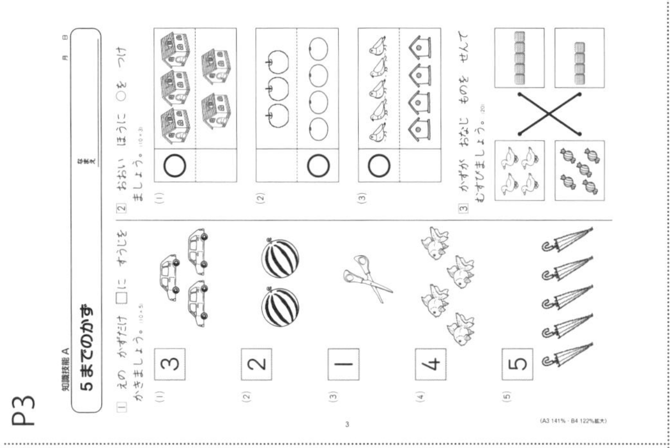

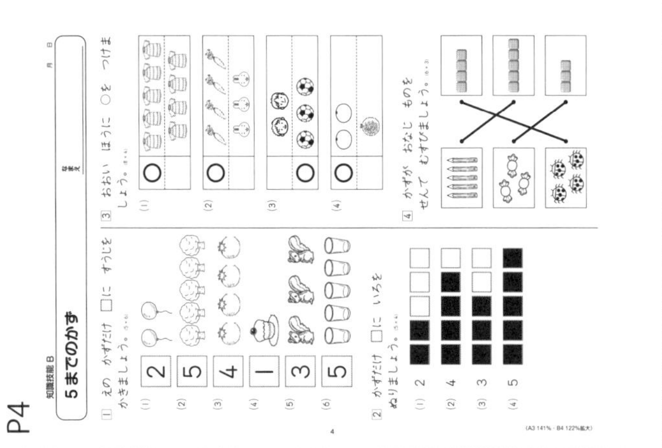

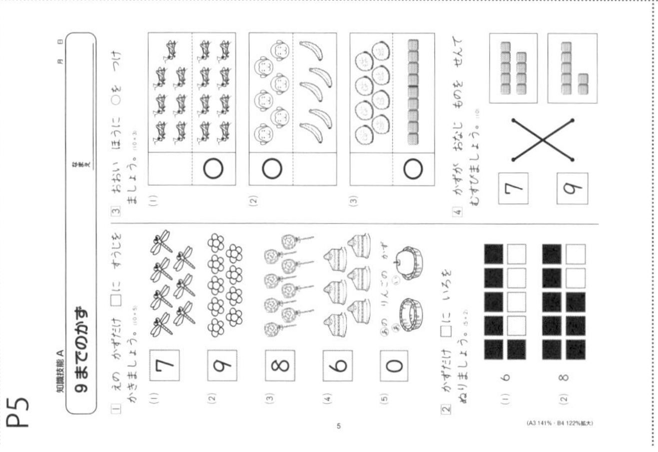

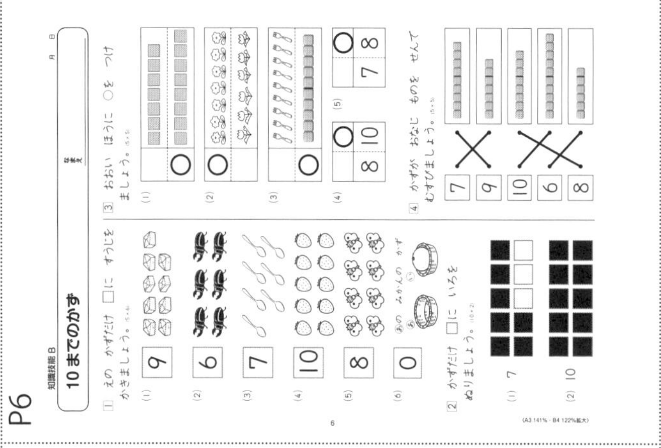

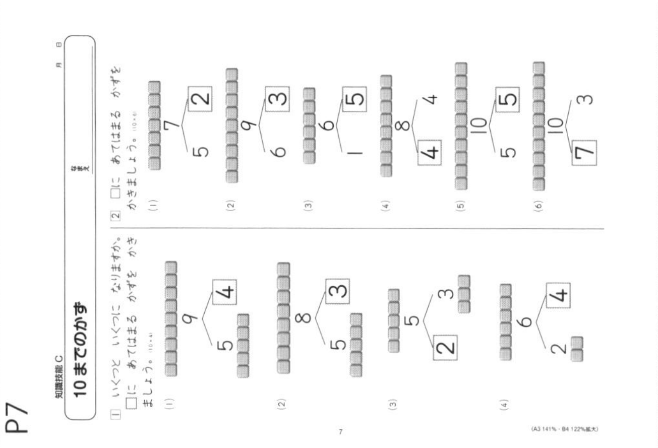

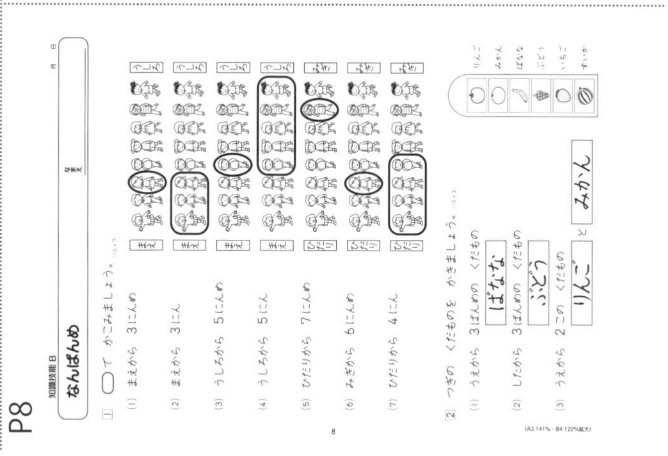

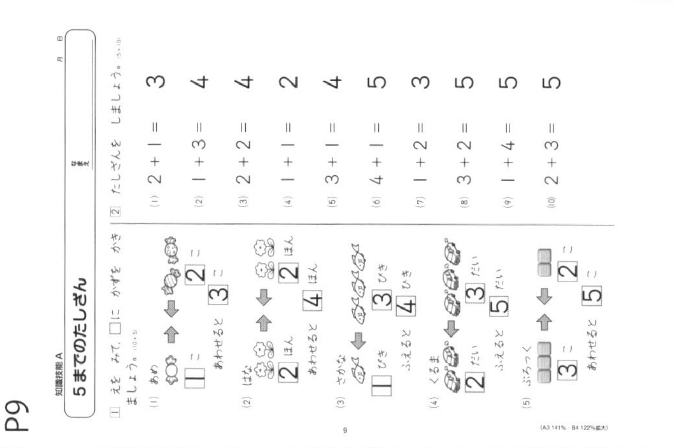

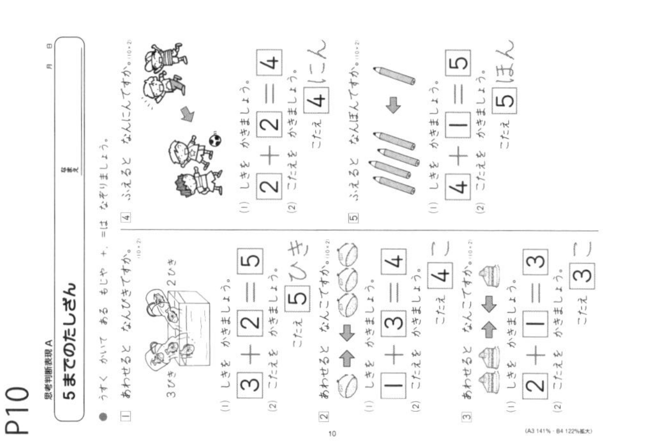

児童に実施させる前に，必ず指導される方が問題を解いてください。本書の解答は，あくまでも１つの例です。指導される方の作られた解答をもとに，本書の解答例を参考に児童の多様な考えに寄り添って○つけをお願いします。 **解答**

P11

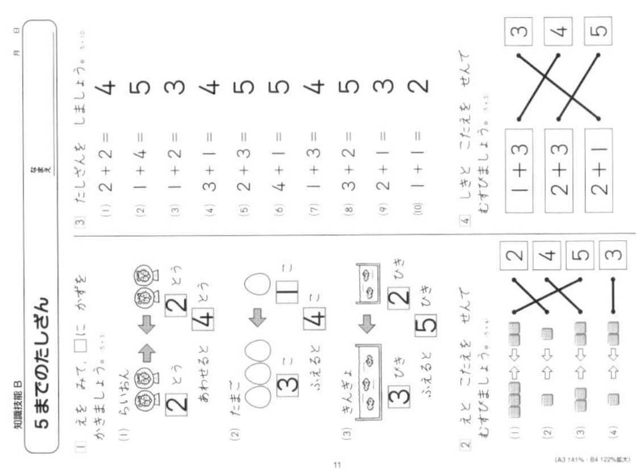

P12

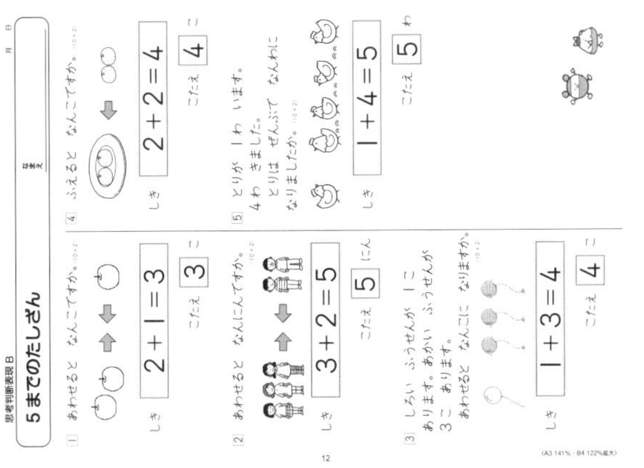

P13

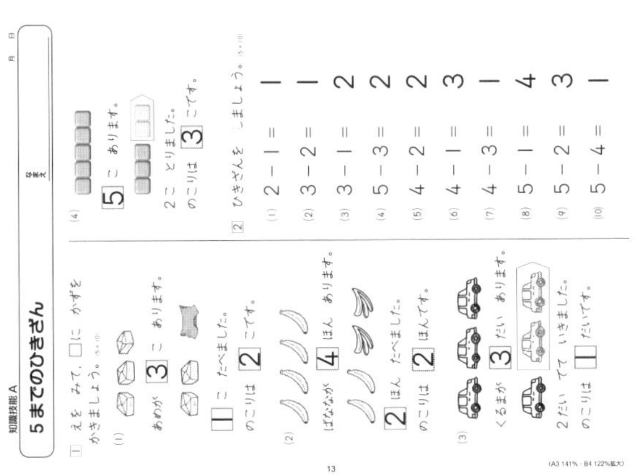

P14

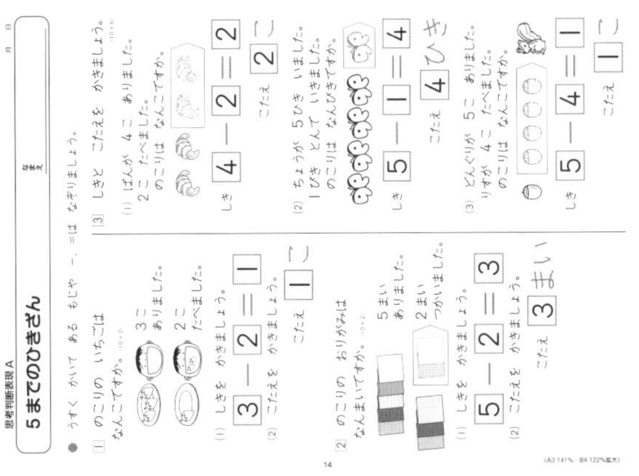

P15

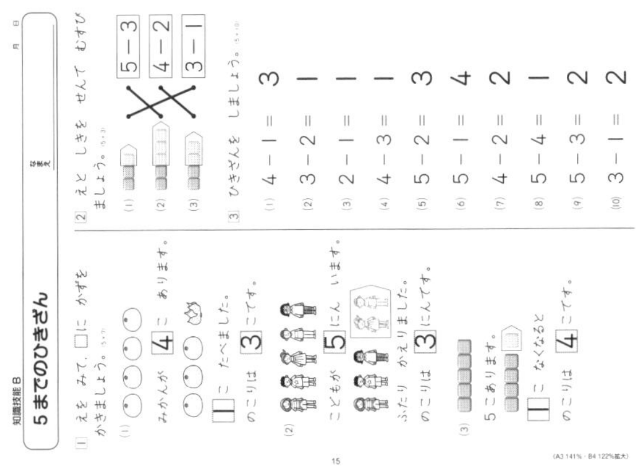

P16

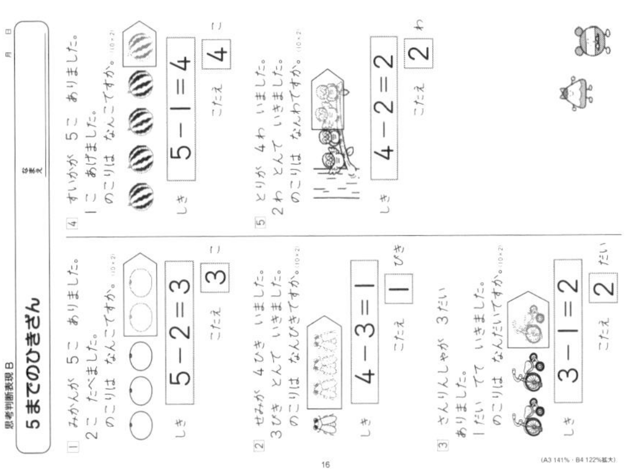

P17

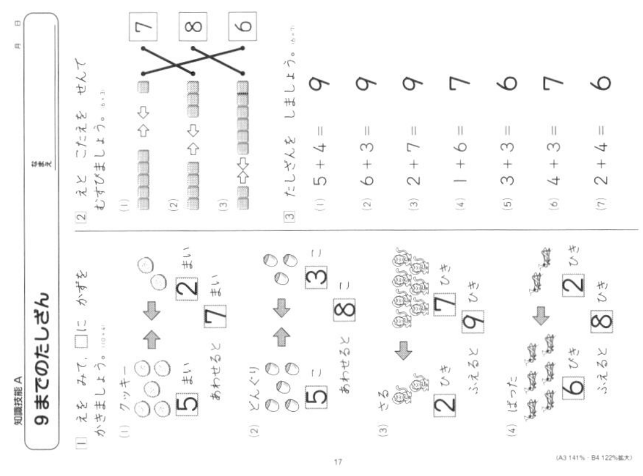

P18

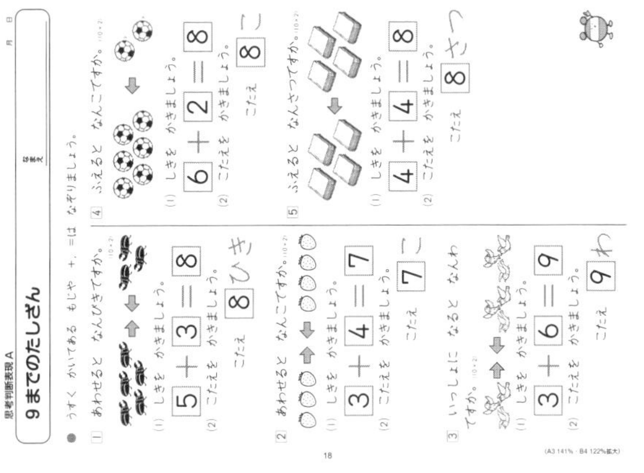

P19

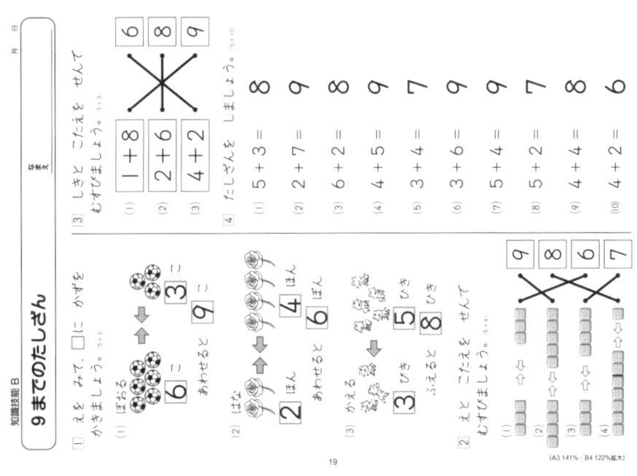

解答

児童に実施させる前に，必ず指導される方が問題を解いてください。本書の解答は，あくまでも１つの例です。指導される方の作られた解答をもとに，本書の解答例を参考に児童の多様な考えに寄り添って○つけをお願いします。

P20

思考判断表現 B　月　日

9 までのたしざん　なまえ

1 あわせると　なんこですか。(10×2)

しき 3＋6＝9　こたえ 9 こ

2 いっしょに　なると　なんびきですか。(10×2)

しき 4＋3＝7　こたえ 7 ひき

3 わたしは　2ひき　さかなを　つりました。おとうさんは　4ひき　つりました。あわせると　なんびきに　なりますか。(10×2)

しき 2＋4＝6　こたえ 6 ひき

4 ふえると　なんびきですか。(10×2)

しき 7＋2＝9　こたえ 9 ひき

5 ばななが　3ぼん　あります。3ぼん　もらいました。ばななは　ぜんぶで　なんぼんに　なりますか。(10×2)

しき 3＋3＝6　こたえ 6 ぼん

20　(A3 141%・B4 122%拡大)

P21

知識技能 A　月　日

10 までのたしざん　なまえ

● うすく　かいて　ある　すうじや　＋，＝は　なぞりましょう。

1 あわせると　いくつに　なりますか。(5×3)

(1) □に　あめの　かずを　かきましょう。　6 こ　3 こ

(2) しきを　かきましょう。 6＋3＝9

(3) こたえを　かきましょう。 こたえ 9 こ

2 しきと　こたえを　かきましょう。(5×8)

(1) しき 5＋1＝6　こたえ 6

(2) しき 2＋7＝9　こたえ 9

(3) しき 5＋5＝10　こたえ 10

(4) しき 8＋2＝10　こたえ 10

3 10が　あります。みえて　いる　かずと　かくれて　いる　かずを　あわせて　10に　なる　しきを　かきましょう。(5×3)

(1) 7＋3＝10

(2) 6＋4＝10

(3) 2＋8＝10

4 たしざんを　しましょう。(5×6)

(1) 4＋5＝ 9

(2) 6＋4＝ 10

(3) 4＋4＝ 8

(4) 1＋9＝ 10

(5) 7＋0＝ 7

(6) 7＋3＝ 10

21　(A3 141%・B4 122%拡大)

P22

思考判断表現 A　月　日

10 までのたしざん　なまえ

● うすく　かいて　ある　もじや　＋，＝は　なぞりましょう。

1 ふえると　なんにんですか。(10×2)

(1) しきを　かきましょう。 4＋4＝8

(2) こたえを　かきましょう。 こたえ 8 にん

2 つなぐと　なんりょうですか。(10×2)

(1) しきを　かきましょう。 6＋3＝9

(2) こたえを　かきましょう。 こたえ 9 りょう

3 あわせると　なんこですか。(10×2)

(1) しきを　かきましょう。 8＋2＝10

(2) こたえを　かきましょう。 こたえ 10 こ

4 ちゅうしゃじょうに　くるまが　5だい　とまって　います。そこに，5だい　はいって　きました。くるまは　あわせて　なんだいに　なりましたか。(10×2)

しき 5＋5＝10　こたえ 10 だい

5 おとこのこが　4にん　います。おんなのこが　5にん　います。あわせて　なんにんですか。(10×2)

しき 4＋5＝9　こたえ 9 にん

22　(A3 141%・B4 122%拡大)

P23

知識技能 B　月　日

10 までのたしざん　なまえ

1 ふえると　なんびきに　なりますか。(3×4)

(1) □に　さかなの　かずを　かきましょう。 6 ひき　4 ひき

(2) しきを　かきましょう。 6＋4＝10

(3) こたえを　かきましょう。 こたえ 10 ぴき

2 しきと　こたえを　かきましょう。(4×5)

(1) しき 3＋6＝9　こたえ 9

(2) しき 4＋4＝8　こたえ 8

(3) しき 7＋3＝10　こたえ 10

(4) しき 1＋9＝10　こたえ 10

(5) しき 2＋7＝9　こたえ 9

3 たしざんを　しましょう。(4×17)

(1) 5＋5＝ 10

(2) 3＋4＝ 7

(3) 8＋2＝ 10

(4) 4＋5＝ 9

(5) 8＋0＝ 8

(6) 9＋1＝ 10

(7) 2＋6＝ 8

(8) 6＋3＝ 9

(9) 0＋0＝ 0

(10) 3＋7＝ 10

(11) 4＋6＝ 10

(12) 3＋3＝ 6

(13) 4＋2＝ 6

(14) 6＋4＝ 10

(15) 2＋8＝ 10

(16) 4＋4＝ 8

(17) 10＋0＝ 10

23　(A3 141%・B4 122%拡大)

P24

思考判断表現 B　月　日

10 までのたしざん　なまえ

1 ふえると　なんびきですか。(5×2)

(1) しきを　かきましょう。 6＋4＝10

(2) こたえを　かきましょう。 こたえ 10 ぴき

2 あわせると　なんぼんですか。(5×2)

しろい　はな　あかい　はな

(1) しきを　かきましょう。 3＋6＝9

(2) こたえを　かきましょう。 こたえ 9 ほん

3 おとなが　3にん　います。こどもが　7にん　います。あわせて　なんにんですか。(10×2)

しき 3＋7＝10　こたえ 10 にん

4 きのうは，みかんを　4こ　たべました。きょうも　4こ　たべました。あわせて　みかんを　なんこ　たべましたか。(10×2)

しき 4＋4＝8　こたえ 8 こ

5 みぎの　ほうに　いすが　2きゃく　あります。ひだりの　ほうに　いすが　8きゃく　あります。あわせると　いすは　なんきゃくに　なりますか。(10×2)

しき 2＋8＝10　こたえ 10 きゃく

6 げえむを　して　1かいめは　7てんでした。2かいめは　2てんでした。あわせると　なんてんに　なりますか。(10×2)

しき 7＋2＝9　こたえ 9 てん

24　(A3 141%・B4 122%拡大)

P25

知識技能 A　月　日

9 までのひきざん　なまえ

● うすく　かいて　ある　すうじや　－，＝は　なぞりましょう。

1 えを　みて　□に　かずを　かき，しきを　つくりましょう。(10×3)

(1) ばななが　7ほん　ありました。2 ほん　たべました。のこりは 5 ほんです。

しき 7－2＝5

(2) あげた　おりがみが　9まい　あります。3まい　あげました。のこりは 6 まいです。

しき 9－3＝6

(3) あかい　りんごと　きいろい　りんごが　あわせて　8こ　あります。あかい　りんごが　5こだと，きいろい　りんごは 3 こです。

しき 8－5＝3

2 えと　しきを　せんで　むすびましょう。(7×3)

(1) とる — 9－3

(2) とる — 8－4

(3) とる — 6－3

8－4

9－3

6－3

3 ひきざんを　しましょう。(7×7)

(1) 6－2＝ 4

(2) 7－5＝ 2

(3) 9－4＝ 5

(4) 9－6＝ 3

(5) 8－6＝ 2

(6) 8－4＝ 4

(7) 7－3＝ 4

25　(A3 141%・B4 122%拡大)

P26

思考判断表現 A　月　日

9 までのひきざん　なまえ

● うすく　かいて　ある　もじや　－，＝は　なぞりましょう。

1 おにぎりが　7こ　あります。2こ　たべます。のこりは　なんこですか。(10×2)

しき 7－2＝5　こたえ 5 こ

2 かえるが　9ひき　います。6ぴき　いけに　はいりました。のこりは　なんびきですか。(10×2)

しき 9－6＝3　こたえ 3 びき

3 じゅうすが　8ほん　ありました。4ほん　のみました。のこりは　なんぼんですか。(10×2)

しき 8－4＝4　こたえ 4 ほん

4 おとこのこは　7にん　います。おんなのこは　4にん　います。おとこのこの　ほうが　なんにん　おおいですか。(10×2)

(1) しきを　かきましょう。 7－4＝3

(2) こたえを　かきましょう。 こたえ 3 にん

5 あかい　はなが　5ほん　さいて　います。しろい　はなが　8ほん　さいて　います。しろい　はなの　ほうが　なんぼん　おおいですか。(10×2)

(1) しきを　かきましょう。 8－5＝3

(2) こたえを　かきましょう。 こたえ 3 ぼん

26　(A3 141%・B4 122%拡大)

P27

知識技能 B　月　日

9 までのひきざん　なまえ

● うすく　かいて　ある　すうじや　－，＝は　なぞりましょう。

1 えを　みて　□に　かずを　かき，しきを　つくりましょう。(6×3)

(1) みかんが　8こ　ありました。2 こ　たべました。のこりは 6 こです。

しき 8－2＝6

(2) らいおんが　6とう　います。らいおんの　おすが　2とうだと，めすは 4 とうです。

しき 6－2＝4

(3) じゃがいもが　6こ　あります。たまねぎは　3こ　あります。ちがいは 3 こです。

しき 6－3＝3

2 えと　こたえを　せんで　むすびましょう。(7×4)

(1) とる — 4

(2) とる — 5

(3) とる — 6

(4) とる — 7

3 ひきざんを　しましょう。(6×8)

(1) 9－3＝ 6

(2) 8－5＝ 3

(3) 9－4＝ 5

(4) 9－6＝ 3

(5) 8－6＝ 2

(6) 6－2＝ 4

(7) 8－4＝ 4

(8) 7－4＝ 3

27　(A3 141%・B4 122%拡大)

P28

思考判断表現 B　月　日

9 までのひきざん　なまえ

● うすく　かいて　ある　もじは　なぞりましょう。

1 とまとが　9こ　あります。3こ　たべます。のこりは　なんこですか。(10×2)

しき 9－3＝6　こたえ 6 こ

2 きんぎょが　8ひき　います。4ひき　すくいました。のこりは　なんびきですか。(10×2)

しき 8－4＝4　こたえ 4 ひき

3 ちょうが　7ひき　います。4ひき　はなに　とまって　います。とんで　いる　ちょうは　なんびきですか。(10×2)

しき 7－4＝3　こたえ 3 びき

4 しろい　はなが　6ぽん　あります。あかい　はなは　4ほん　あります。しろい　はなの　ほうが　なんぼん　おおいですか。(10×2)

しき 6－4＝2　こたえ 2 ほん

5 なすが　9ほん　あります。きゅうりは　7ほん　あります。なすの　ほうが　なんぼん　おおいですか。(10×2)

しき 9－7＝2　こたえ 2 ほん

28　(A3 141%・B4 122%拡大)

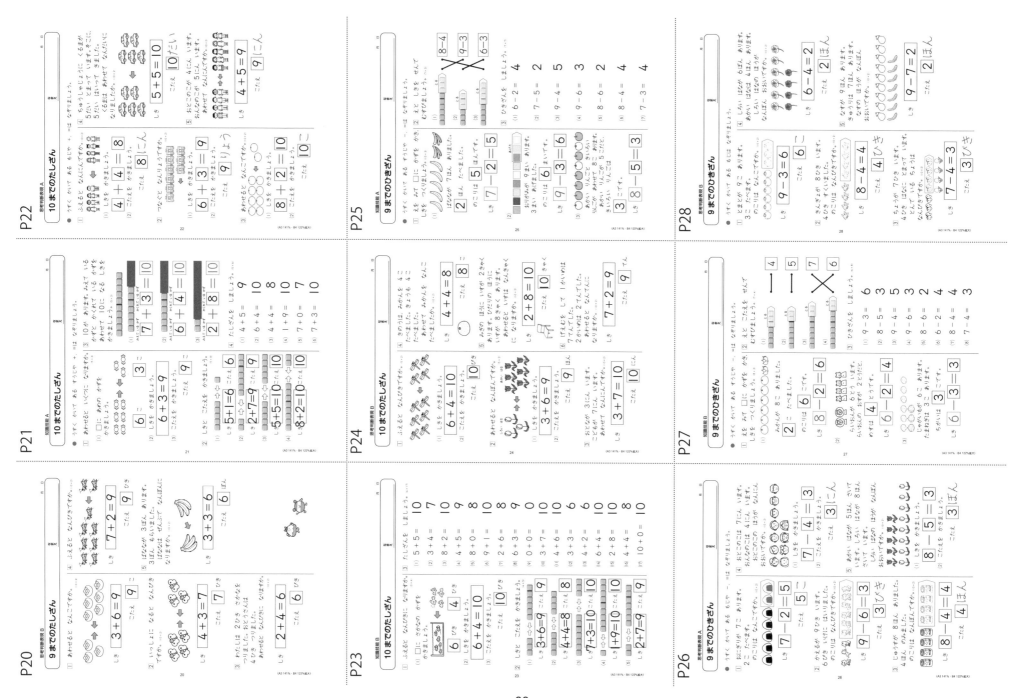

P29

知識技能 A

10までのひきざん

● うすく かいて ある すうじや －，＝は なぞりましょう。

1 □に かずを かき，しきを つくりましょう。

(1) りんごが 10こ ありました。2こ たべました。
のこりは 8 こです。
しき 10－2＝8

(2) あかいろと きいろの はなが 9ほん さいて います。5ほんは あかいろです。
きいろは 4 ほんです。
しき 9－5＝4

(3) おんなのこが 10にん います。おとこのこは 7にん います。
おんなのこの ほうが 3 にん おおいです。
しき 10－7＝3

2 えと こたえを せんで むすびましょう。

(1) 4　(2) 2　(3) 7

3 ひきざんを しましょう。

(1) 7－5＝2
(2) 9－6＝3
(3) 8－3＝5
(4) 7－4＝3
(5) 8－4＝4
(6) 10－5＝5
(7) 10－4＝6
(8) 10－9＝1

P30

思考判断表現 A

10までのひきざん

● うすく かいてある もじや －，＝は なぞりましょう。

1 ばったが 10ぴき いました。2ひき とんで いきました。のこりは なんびきですか。
しき 10－2＝8
こたえ 8ひき

2 あさがおの はなが さいて います。きのうは，8こ さきました。きょうは，5こ さきました。
きのう さいた はなの ほうが なんこ おおいですか。
しき 8－5＝3
こたえ 3こ

3 こどもが 10にん います。おんなのこは 6にん います。おとこのこは なんにんですか。
しき 10－6＝4
こたえ 4にん

4 とんぼを 6ぴき とりました。ちょうを 10ぴき とりました。どちらが なんびき おおいですか。
しき 10－6＝4
こたえ ちょう の ほうが 4ひき おおい。

5 ふうせんを 9こ もって いました。3こ われて しまいました。われて いない ふうせんは なんこですか。
しき 9－3＝6
こたえ 6こ

P31

知識技能 B

10までのひきざん

1 □に かずを かき，しきを つくりましょう。

(1) あめが 10こ ありました。3こ たべました。
のこりは 7 こです。
しき 10－3＝7

(2) しろいろと ちゃいろの うさぎが 10ぴき います。5ひきは しろいろです。
ちゃいろは 5 ひきです。
しき 10－5＝5

(3) こっぷが 10こ あります。ぐらすは 8こ あります。
こっぷの ほうが 2 こ おおいです。
しき 10－8＝2

2 ひきざんを しましょう。

(1) 6－3＝3
(2) 8－2＝6
(3) 7－4＝3
(4) 7－5＝2
(5) 9－7＝2
(6) 8－6＝2
(7) 6－4＝2
(8) 7－3＝4
(9) 8－4＝4
(10) 10－1＝9
(11) 10－7＝3
(12) 10－6＝4
(13) 10－9＝1
(14) 10－4＝6

P32

思考判断表現 B

10までのひきざん

● うすく かいて ある もじは なぞりましょう。

1 こどもが 8にん います。かさが 10ぽん あります。ひとりに 1ぽんずつ かさを わたすと，かさは なんぼん のこりますか。
しき 10－8＝2
こたえ 2ほん

2 ばななが 7ほん あります。10ぴきの さるに 1ぽんずつ あげます。ばななは なんぼん すくないですか。
しき 10－7＝3
こたえ 3ぼん

3 こうえんに おとなと こどもが 9にん います。そのうち，おとなは 3にんです。こどもは なんにんですか。
しき 9－3＝6
こたえ 6にん

4 いけに あひるが 7わ いました。いけから 3わ でて いきました。いけに のこって いる あひるは なんわですか。
しき 7－3＝4
こたえ 4わ

5 とんぼを 7ひき とりました。せみを 9ひき とりました。どちらが なんびき おおいですか。
しき 9－7＝2
こたえ せみ の ほうが 2ひき おおい。

P33

知識技能 B

10までのたしざんひきざん

1 □に あてはまる かずを かきましょう。

(1) 10 は 5 と 5
(2) 10 は 6 と 4
(3) 10 は 2 と 8
(4) 10 は 7 と 3
(5) 10 は 1 と 9

2 たしざんを しましょう。

(1) 4＋5＝9
(2) 6＋2＝8
(3) 2＋7＝9
(4) 4＋2＝6
(5) 3＋3＝6

3 ひきざんを しましょう。

(1) 8－5＝3
(2) 7－2＝5
(3) 9－2＝7
(4) 9－6＝3
(5) 8－7＝1
(6) 6－2＝4
(7) 7－4＝3
(8) 6－3＝3
(9) 8－4＝4
(10) 10－4＝6

P34

思考判断表現 B

10までのたしざんひきざん

1 まきさんは つるを 4わ おりました。なおさんは 6わ おりました。つるは あわせて なんわに なりますか。
しき 4＋6＝10
こたえ 10わ

2 みかんが 7こ ありました。4こ たべました。のこりは なんこに なりましたか。
しき 7－4＝3
こたえ 3こ

3 こどもが 10にん います。ぼうしを かぶって いる こは 7にん います。ぼうしを かぶって いない こは なんにんですか。
しき 10－7＝3
こたえ 3にん

4 しょうさんは 6さいです。おねえさんは 8さいです。おねえさんの ほうが なんさい としうえですか。
しき 8－6＝2
こたえ 2さい

5 ひよこが 8わ にわに います。あとから 2わ きました。ひよこは なんわに なりましたか。
しき 8＋2＝10
こたえ 10わ

6 ふみやさんは たこやきを 9こ たべました。おとうとは 6こ たべました。どちらが なんこ おおく たべましたか。
しき 9－6＝3
こたえ ふみやさん の ほうが 3こ おおい。

7 ばすに 8にん のって いました。4にん おりました。ばすに なんにん のって いますか。
しき 8－4＝4
こたえ 4にん

8 れんさんは げえむを しました。1かいめは 4てん とりました。2かいめは 3てん とりました。あわせて なんてんに なりますか。
しき 4＋3＝7
こたえ 7てん

P35

知識技能 A

ながさくらべ

1 ながい ほうに ○を つけましょう。

(1) （○）（　）
(2) （　）（○）
(3) （　）（○）

2 いちばん ながい てえぷに ○を つけましょう。

(1) （　）（　）（○）
(2) （　）（○）（　）

P36

思考判断表現 A

ながさくらべ

1 でんしゃの ながさを くらべましょう。

(1) しゃりょうの かずを かきましょう。
あ 6 りょう　い 7 りょう

(2) あと いでは，どちらの ほうが ながいですか。
い

2 くりっぷを つかって ながさを くらべましょう。

(1) くりっぷ なんこぶんですか。
か くりっぷ 6 こぶん
き くりっぷ 5 こぶん

(2) かと きでは，どちらの ほうが ながいですか。
か

3 ますを つかって ながさを くらべましょう。

(1) ます なんこぶんですか。
あ ます 8 こぶん
い ます 10 こぶん
う ます 7 こぶん

(2) □に あてはまる きごうや かずを かきましょう。
あと いでは，い の ほうが ます 2 こぶん ながいです。
いと うでは，い の ほうが ます 3 こぶん ながいです。

(3) あ，い，うの なかで，いちばん ながいのは どれですか。
い

P37

知識技能 B

ながさくらべ

1 ながい ほうに ○を つけましょう。

(1) （　）（○）
(2) かみの たてと よこ
たて（　）　よこ（○）
(3) のおとの よこと たて
よこ（　）　たて（○）

2 ながさを くらべましょう。

(1) あと いでは，どちらが ながいですか。
（い）
(2) うと えと，どちらが ながい ですか。
（う）

3 ながさを くらべましょう。

(1) かと きでは，どちらが ながいですか。
（き）
(2) きと くでは，どちらが ながいですか。
（く）

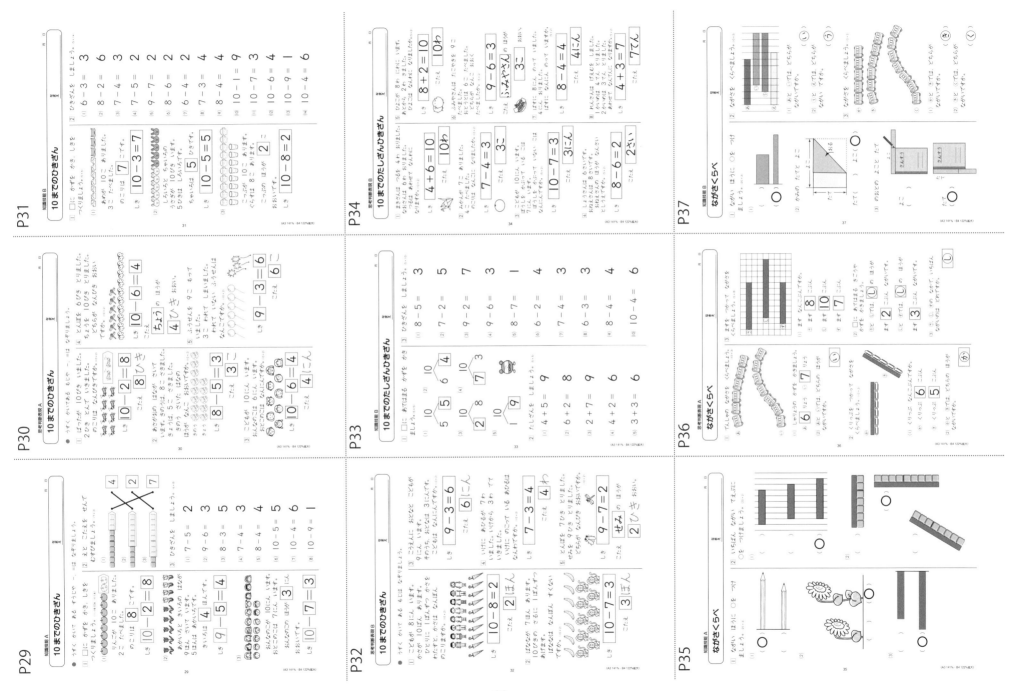

解答

児童に実施させる前に，必ず指導される方が問題を解いてください。本書の解答は，あくまでも１つの例です。指導される方の作られた解答をもとに，本書の解答例を参考に児童の多様な考えに寄り添って○つけをお願いします。

P38

思考判断表現B

ながさくらべ

1 ますを つかって ながさを くらべましょう。
(1) ますの なんこぶんですか。
あ ます 10 こぶん
い ます 7 こぶん
う ます 9 こぶん
(2) □に あてはまる きごうや かずを かきましょう。
あと うでは あ の ほうが ます 3 こぶん ながいです。
うと いでは う の ほうが ます 2 こぶん ながいです。
(3) あ，い，うの なかで，いちばん ながいのは どれですか。 あ

2 あと いの ながさや ながさの くらべかたは まちがって います。どんな ことに きを つければ いいですか。したから えらんで かきましょう。
(1) はしをそろえれば，くらべることができる。
(2) おなじながさやおおきさのものをつかえば，こすうでくらべることができる。
・おなじ ながさや おおきさの ものを つかえば，こすうで くらべる ことが できる。
・まっすぐに のばせば，くらべる ことが できる。
・はしを そろえれば，くらべる ことが できる。

P39

知識技能A

10より大きいかず

1 □に かずを かきましょう。
(1) みかんの かず 12
(2) はなの かず 15
(3) 14 (4) 17 (5) 20

2 □に あてはまる かずを かきましょう。
(1) 10と 1で 11
(2) 10と 8で 18
(3) 13は 10と 3
(4) 16は 10と 6

3 □に かずを かきましょう。
(1) 10 11 12 13 14
(2) 20 19 18 17 16

4 かずの おおきい ほうに ○を つけましょう。
(1) （⑪ 9）
(2) （16 ⑲）

5 けいさんを しましょう。
(1) 10＋1＝11
(2) 12＋6＝18
(3) 15＋4＝19
(4) 16－6＝10
(5) 14－2＝12

P40

思考判断表現A

10より大きいかず

1 つぎの かずを □に かきましょう。
(1) 10よりも 2 おおきい かず 12
(2) 13よりも 2 おおきい かず 15
(3) 17よりも 2 ちいさい かず 15
(4) 16よりも 3 ちいさい かず 13

2 こどもが 10にん います。4にん きました。あわせて なんにんですか。
しき 10＋4＝14 こたえ 14にん

3 たまごが 12こ あります。5こ かって きました。たまごは なんこに なりましたか。
しき 12＋5＝17 こたえ 17こ

4 ももが 15こ ありました。3こ たべました。のこりは なんこですか。
しき 15－3＝12 こたえ 12こ

5 ちょうが 19ひき います。とんぼは 8ひき います。ちょうの ほうが なんびき おおいですか。
しき 19－8＝11 こたえ 11ぴき

P41

知識技能B

10より大きいかず

1 □に かずを かきましょう。
(1) はなの かず 14
(2) あめの かず 20
(3) 13 (4) 20 (5) 19

2 □に あう かずを かきましょう。
(1) 10と 2で 12
(2) 10と 5で 15
(3) 10と 7で 17
(4) 14は 10と 4
(5) 17は 10と 7
(6) 20は 10と 10

3 □に かずを かきましょう。
(1) 10 12 14 16 18
(2) 20 19 18 17 16
(3) 18 16 14 12 10

4 けいさんを しましょう。
(1) 10＋4＝14
(2) 15＋3＝18
(3) 13＋4＝17
(4) 14＋4＝18
(5) 13－3＝10
(6) 15－2＝13
(7) 17－5＝12
(8) 16－3＝13

P42

思考判断表現B

10より大きいかず

1 □に かずを かきましょう。
(1) 14は 10よりも 4 おおきい かず
(2) 17は 10よりも 7 おおきい かず
(3) 18は 20よりも 2 ちいさい かず
(4) 15は 20よりも 5 ちいさい かず

2 あかと きいろの はなが 18こ あります。そのうち，7こが あかいろです。きいろの はなは なんこ ありますか。
しき 18－7＝11 こたえ 11こ

3 はなが 12こ さいて いました。6こ ふえました。さいて いる はなは なんこに なりましたか。
しき 12＋6＝18 こたえ 18こ

4 おとこのこは 5にん います。おんなのこは 15にん います。おんなのこの ほうが なんにん おおいですか。
しき 15－5＝10 こたえ 10にん

5 ぎょうざが 16こ ありました。4こ たべました。ぎょうざは なんこ のこって いますか。
しき 16－4＝12 こたえ 12こ

P43

知識技能A

なんじ なんじはん

1 とけいを よみましょう。なんじですか。
(1) 2じ (2) 5じ (3) 6じ (4) 7じ (5) 10じ

2 とけいを よみましょう。なんじはんですか。
(1) 1じはん (2) 3じはん (3) 5じはん (4) 8じはん (5) 9じはん

P44

思考判断表現B

なんじ なんじはん

1 とけいを よみましょう。なんじですか。または，なんじはんですか。
(1) 1じ (2) 3じはん (3) 9じはん
(4) 3じ (5) 5じはん (6) 12じ（0じ）
(7) 11じはん (8) 12じはん（0じはん）

2 ながい はりを かきましょう。
(1) 4じ (2) 7じはん

P45

知識技能A

3つのかずのけいさん

1 ○に ＋か －を かきましょう。
(1) 3びき いました。2ひき きました。また，3びき きました。 3＋2＋3＝8
(2) 9わ いました。3わ とんで いきました。4わ とんで いきました。 9－3－4＝2
(3) 4にん いました。3にん きました。4にん かえりました。 4＋3－4＝3

2 けいさんを しましょう。
(1) 2＋3＋3＝8
(2) 8＋2＋1＝11
(3) 6＋4＋2＝12
(4) 8－3－2＝3
(5) 11－1－2＝8
(6) 14－4－5＝5
(7) 7－2＋3＝8
(8) 10－5＋4＝9
(9) 10－7＋2＝5
(10) 4＋4－3＝5
(11) 7＋3－5＝5
(12) 2＋8－4＝6
(13) 10＋5－3＝12
(14) 10＋7－4＝13

P46

思考判断表現A

3つのかずのけいさん

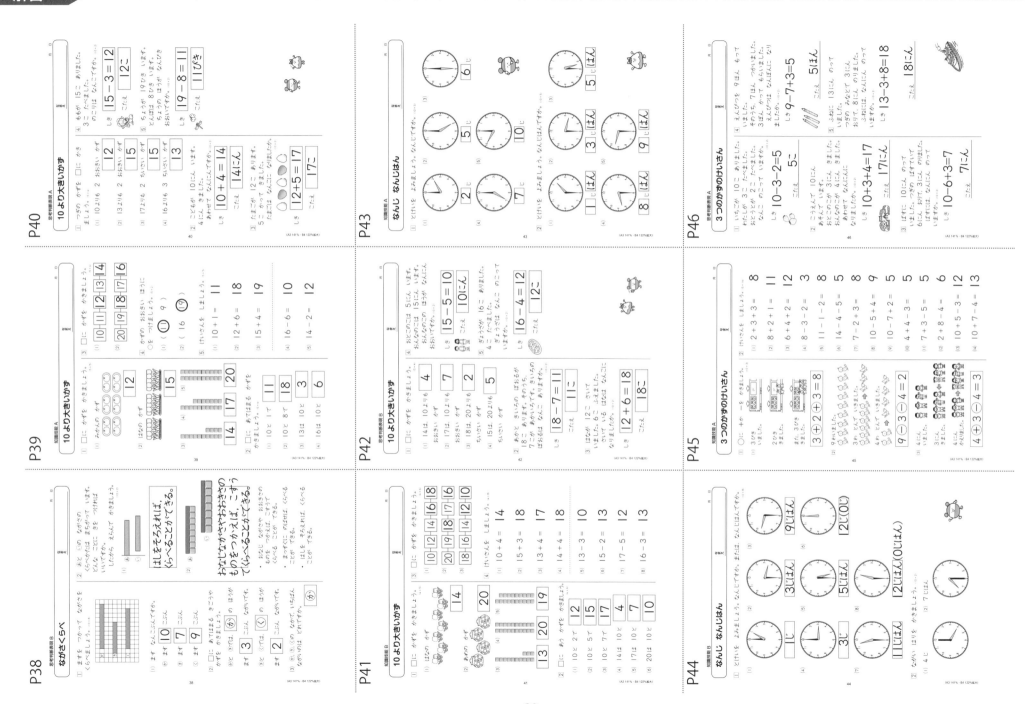

1 いちごが 10こ ありました。わたしが 3こ たべました。おとうとが 2こ たべました。なんこ のこって いますか。
しき 10－3－2＝5 こたえ 5こ

2 こうえんで 10にん あそんで います。おとこのこが 3にん きました。おんなのこが 4にん きました。あわせて なんにんに なりましたか。
しき 10＋3＋4＝17 こたえ 17にん

3 ばすに 10にん のって いました。つぎの ばすていで 6にん おりて，3にん のりました。ばすには なんにん のって いますか。
しき 10－6＋3＝7 こたえ 7にん

4 えんぴつを 9ほん もって いました。そのうち，7ほん つかいました。3ぼん かって もらいました。えんぴつは なんぼんに なりましたか。
しき 9－7＋3＝5 こたえ 5ほん

5 ふねに 13にん のって いました。つぎの みなとで 3にん おりて，8にん のりました。ふねには なんにん のって いますか。
しき 13－3＋8＝18 こたえ 18にん

P47

知識技能 B

３つのかずのけいさん

1 しきに あらわしましょう。

(1) ばったが ６ぴき いました。
４ひき きました。
２ひき とんで いきました。

6+4−2=8

(2) みかんが １２こ ありました。
きのう ２こ たべました。
きょう ４こ たべました。

12−2−4=6

(3) １０こ ありました。
５こ とりました。
２こ あわせました。

10−5+2=7

2 けいさんを しましょう。

(1) 2 + 3 + 4 = 9
(2) 3 + 4 + 3 = 10
(3) 7 + 3 + 4 = 14
(4) 5 + 10 + 3 = 18
(5) 9 − 4 − 2 = 3
(6) 10 − 5 − 3 = 2
(7) 14 − 4 − 3 = 7
(8) 8 − 3 + 4 = 9
(9) 10 − 7 + 4 = 7
(10) 16 − 6 + 5 = 15
(11) 19 − 7 + 2 = 14
(12) 5 + 4 − 6 = 3
(13) 6 + 4 − 2 = 8
(14) 13 + 5 − 6 = 12
(15) 10 + 9 − 3 = 16
(16) 14 + 4 − 6 = 12

P48

思考判断表現 B

３つのかずのけいさん

1 ちゅうしゃじょうに くるまが ５だい とまって いました。５だい はいって きて，６だい でて いきました。
ちゅうしゃじょうの くるまは なんだいに なりましたか。
しき 5+5−6=4　こたえ 4だい

2 どんぐりを ８こ ひろいました。おとうとに ４こ，いもうとに ２こ あげました。
のこりは なんこに なりましたか。
しき 8−4−2=2　こたえ 2こ

3 こうえんに こどもが １０にん いました。７にん かえって，５にん きました。
こどもは なんにんに なりましたか。
しき 10−7+5=8　こたえ 8にん

4 あさがおの はなが さいて います。あかい はなが ２こ，あおい はなが ３こ，むらさきの はなが ５こ さきました。
ぜんぶで なんこ さいて いますか。
しき 2+3+5=10　こたえ 10こ

5 ばすに １８にん のって いました。つぎの ばすていで ７にん おりて，３にん のりました。
ばすに のって いる ひとは なんにんに なりましたか。
しき 18−7+3=14　こたえ 14にん

6 おりがみを １６まい もって いました。６まい つかって はなを おりました。３まい つかって，つるを おりました。
おりがみは なんまい のこって いますか。
しき 16−6−3=7　こたえ 7まい

7 きのう，とまとが １０こ とれました。きょうは，５こ とれました。そのうち，３こ たべました。
とまとは なんこに なりましたか。
しき 10+5−3=12　こたえ 12こ

P49

知識技能 A

かさくらべ

1 おおい ほうに ○を つけましょう。
(1) ア（ ）　イ（○）
(2) ウ（ ）　エ（○）
おなじ いれものに うつします。

2 おおきい ほうに ○を つけましょう。
カ（○）　キ（ ）
かさねます。

3 はいって いる みずの おおい じゅんに，１，２，３と かきましょう。
(1) おおきさの ちがう いれものに はいって います。みずの たかさは おなじです。
（２）（３）（１）
(2) おなじ おおきさの いれものに いれました。
（１）（３）（２）

P50

思考判断表現 A

かさくらべ

1 みずの かさを くらべました。□に あてはまる かずや きごうを かきましょう。
㋐ コップ 6 はい
㋑ コップ 5 はい
㋐ の ほうが 1 ぱいぶん おおい。

2 おちゃが はいる かさを しらべましょう。
(1) コップ なんばいぶんですか。
㋐ コップ 6 はい
㋑ コップ 5 はい
㋒ コップ 8 はい
(2) おおく はいる じゅんばんを かきましょう。
㋒ → ㋐ → ㋑

3 なべと やかんでは，どちらが どれだけ おおく はいりますか。
なべ　やかん
やかん の ほうが
コップ 2 はいぶん，
おおく はいる。

4 ㋐と ㋑の かさの くらべかたは まちがって います。
ただしい くらべかたに ついて □に あてはまる ことばを かきましょう。
おなじ おおきさの コップを つかって，コップ なんばいぶんかで くらべる。

P51

学習準備

くりあがりのたしざん

1 つぎの たしざんを しましょう。

(1) 3 + 6 = 9　(2) 4 + 2 = 6　(3) 4 + 4 = 8
(4) 5 + 4 = 9　(5) 7 + 2 = 9　(6) 3 + 3 = 6
(7) 8 + 2 = 10　(8) 5 + 5 = 10　(9) 3 + 7 = 10
(10) 1 + 9 = 10　(11) 4 + 6 = 10　(12) 2 + 8 = 10
(13) 9 + 1 + 4 = 14　(14) 7 + 3 + 6 = 16
(15) 5 + 5 + 5 = 15　(16) 2 + 8 + 3 = 13

2 そうげんに おすの ライオンが ３とう，めすの ライオンが ６とう います。
ライオンは，あわせて なんとう いますか。
しき 3 + 6 = 9　こたえ 9とう

3 きのうは，きゅうりが ６ぽん できました。
そして，きょうは，４ほん できました。
きゅうりは，あわせて なんぼん できましたか。
しき 6 + 4 = 10　こたえ 10ぽん

P52

知識技能 A

くりあがりのたしざん

1 9 + 3の けいさんの しかたを
□に あてはまる かずを かきましょう。
9 + 3
(1) 9は あと 1 で 10です。
(2) 3を 1と 2 に わけます。
(3) 9に 1 を たして 10です。
(4) 10と 2を あわせて 12 です。
(5) 9 + 3 = 12

2 8 + 3の けいさんの しかたを
□に あてはまる かずを かきましょう。
8 + 3
(1) 8は あと 2 で 10です。
(2) 3を 2と 1 に わけます。
(3) 8に 2 を たして 10です。
(4) 10と 1を あわせて 11 です。
(5) 8 + 3 = 11

3 たしざんを しましょう。
(1) 9 + 5 = 14
(2) 8 + 4 = 12
(3) 7 + 7 = 14
(4) 6 + 5 = 11
(5) 6 + 7 = 13
(6) 7 + 9 = 16
(7) 5 + 7 = 12
(8) 4 + 7 = 11
(9) 7 + 8 = 15
(10) 9 + 9 = 18

P53

思考判断表現 A

くりあがりのたしざん

1 ちゅうしゃじょうに くるまが ９だい とまって います。
そこへ ４だい はいって きました。
くるまは，なんだいに なりましたか。
しき 9 + 4 = 13　こたえ 13だい

2 さやかさんは あきかんを ８こ ひろいました。
かずきさんは ６こ ひろいました。
あわせて なんこ ひろいましたか。
しき 8 + 6 = 14　こたえ 14こ

3 こうえんに こどもが ７にん います。
８にん くると，なんにんに なりますか。
しき 7 + 8 = 15　こたえ 15にん

4 あおい はなが ７ほん さいて います。
あかい はなが ６ぽん さいて います。
あわせて なんぼん さいて いますか。
しき 7 + 6 = 13　こたえ 13ぼん

5 パンが はこに ９こ はいって います。
かごに ５こ はいって います。
パンは ぜんぶで なんこ ありますか。
しき 9 + 5 = 14　こたえ 14こ

P54

知識技能 B

くりあがりのたしざん

1 8 + 6の けいさんの しかた
□に あてはまる かずを かきましょう。
8 + 6
(1) 8は あと 2 で 10です。
(2) 6を 2 と 4 に わけます。
(3) 8に 2 を たして 10。
(4) 10と 4を あわせて 14
(5) 8 + 6 = 14

2 7 + 5の けいさんの しかた
□に あてはまる かずを かきましょう。
7 + 5
(1) 7は あと 3 で 10です。
(2) 5を 3 と 2 に わけます。
(3) 7に 3 を たして 10。
(4) 10と 2 を あわせて 12
(5) 7 + 5 = 12

3 たしざんを しましょう。
(1) 9 + 6 = 15
(2) 9 + 9 = 18
(3) 8 + 7 = 15
(4) 7 + 7 = 14
(5) 6 + 5 = 11
(6) 4 + 9 = 13
(7) 4 + 8 = 12
(8) 8 + 9 = 17
(9) 6 + 6 = 12
(10) 8 + 8 = 16
(11) 9 + 5 = 14
(12) 7 + 9 = 16
(13) 9 + 2 = 11
(14) 5 + 8 = 13
(15) 3 + 9 = 12

P55

思考判断表現 B

くりあがりのたしざん

1 きに とりが ８わ とまって います。そこへ ５わ とんで きました。とりは，ぜんぶで なんわに なりましたか。
しき 8 + 5 = 13　こたえ 13わ

2 おんなのこが ６にん，おとこのこが ７にん います。みんなで なんにん いますか。
しき 6 + 7 = 13　こたえ 13にん

3 くろい えんぴつが ７ほん，いろえんぴつが ５ほん あります。ぜんぶで なんぼん ありますか。
しき 7 + 5 = 12　こたえ 12ほん

4 パンやさんで，あんパンを ８こと メロンパンを ８こ かいました。あわせて なんこ かいましたか。
しき 8 + 8 = 16　こたえ 16こ

5 たまごが ６こ あります。１パック ６こいりの たまごを かいました。たまごは なんこに なりましたか。
しき 6 + 6 = 12　こたえ 12こ

6 たくみさんは，うんどうじょうを きのうは ９しゅう，きょうは ７しゅう はしりました。あわせて なんしゅう はしりましたか。
しき 9 + 7 = 16　こたえ 16しゅう

7 あかい おりがみが ５まい，あおい おりがみが ９まい あります。あわせて なんまい ありますか。
しき 5 + 9 = 14　こたえ 14まい

8 えを みて，5 + 6に なる たしざんの もんだいぶんを かきましょう。
クッキー５こ　クッキー６こ
クッキーが ５こと ６こ あります。あわせて，なんこに なりますか。

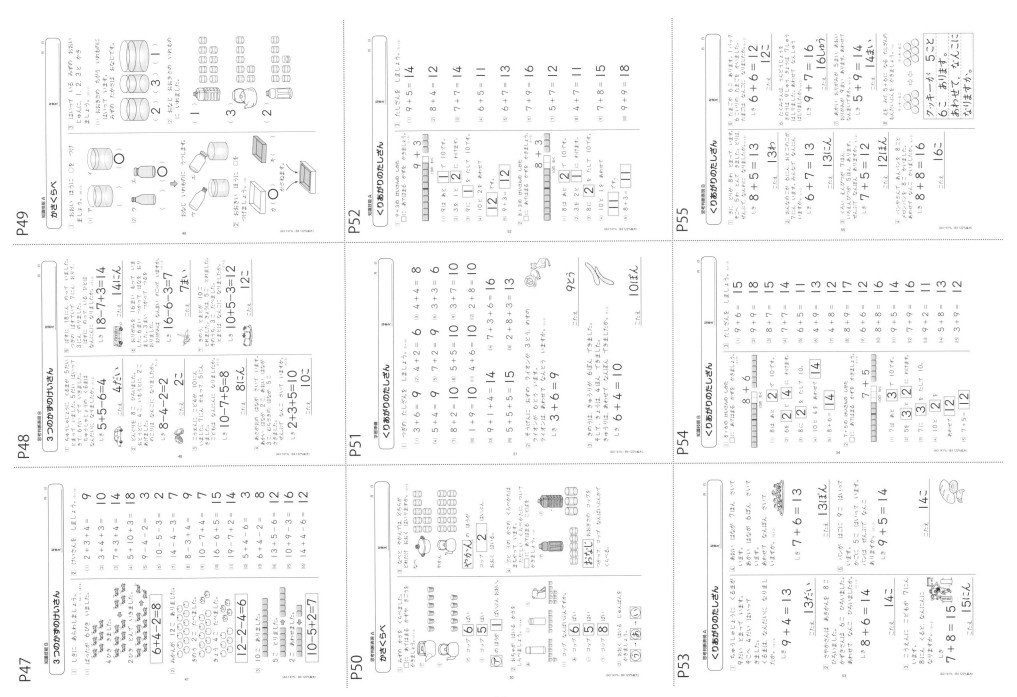

解答

児童に実施させる前に，必ず指導される方が問題を解いてください。本書の解答は，あくまでも１つの例です。指導される方の作られた解答をもとに，本書の解答例を参考に児童の多様な考えに寄り添って○つけをお願いします。

P56

学習準備　月　日

くりさがりのひきざん　なまえ

1 ひきざんを　しましょう。

(1) 5－3＝2　(2) 8－3＝5　(3) 9－7＝2
(4) 8－4＝4　(5) 10－1＝9　(6) 10－5＝5
(7) 10－7＝3　(8) 10－4＝6　(9) 10－8＝2
(10) 15－5－5＝5　(11) 18－8－4＝6
(12) 12－2－6＝4　(13) 14－4－3＝7
(14) 11－1－9＝1

2 にんじんが　8ほん　ありました。6ぽん　うれました。のこりは，なんぼんですか。
しき　8－6＝2
こたえ　2ほん

3 こうえんに，おとなと　こどもが　あわせて　9にん　います。そのうち　こどもは　6にんです。おとなは　なんにんですか。
しき　9－6＝3
こたえ　3にん

4 あかい　ふうせんが　4こ　あります。しろい　ふうせんが　6こ　あります。どちらの　ほうが　なんこ　おおいですか。
しき　6－4＝2
こたえ　しろい　ふうせんが　2　こ　おおい。

P57

知識技能 A　月　日

くりさがりのひきざん　なまえ

1 12－9の　けいさんの　しかた　□に　あてはまる　かずを　かきましょう。

12－9
(1) 2から　9　は　ひけません。
(2) 12を　10　と　2に　わけます。
(3) 10から　9を　ひくと　1
(4) 1と　2を　あわせて　3
(5) 12－9＝3

2 13－8の　けいさんの　しかた　□に　あてはまる　かずを　かきましょう。

13－8
(1) 3　から　8は　ひけません。
(2) 13を　10　と　3に　わけます。
(3) 10から　8を　ひくと　2
(4) 2と　3を　あわせて　5
(5) 13－8＝5

3 ひきざんを　しましょう。

(1) 13－9＝4
(2) 16－8＝8
(3) 15－7＝8
(4) 13－7＝6
(5) 11－6＝5
(6) 14－6＝8
(7) 11－5＝6
(8) 12－5＝7
(9) 11－4＝7
(10) 12－3＝9

P58

思考判断表現 A　月　日

くりさがりのひきざん　なまえ

1 りんごが　14こ　あります。8こ　たべると，なんこ　のこりますか。
しき　14－8＝6
こたえ　6こ

2 とんぼが　17ひき，ちょうが　9ひき　います。とんぼの　ほうが　なんびき　おおいですか。
しき　17－9＝8
こたえ　8ぴき

3 キャラメルが　12こ　ありました。5こ　たべると　なんこ　のこりますか。
しき　12－5＝7
こたえ　7こ

4 きいろい　はなが　13ほん，あかい　はなが　7ほん　さいて　います。どちらが　なんぼん　おおく　さいて　いますか。
しき　13－7＝6
こたえ　きいろい　はなが　6ぽん　おおい。

5 ショートケーキを　12こ　つくります。7こには　いちごを　のせました。まだ　いちごを　のせて　いない　ショートケーキは　なんこ　ありますか。
しき　12－7＝5
こたえ　5こ

P59

知識技能 B　月　日

くりさがりのひきざん　なまえ

1 11－7の　けいさんの　しかた　□に　あてはまる　かずを　かきましょう。

11－7
(1) 1から　7　は　ひけません。
(2) 11を　10　と　1に　わけます。
(3) 10から　7　を　ひくと　3
(4) 3　と　1を　あわせて　4
(5) 11－7＝4

2 14－6の　けいさんの　しかた　□に　あてはまる　かずを　かきましょう。

14－6
(1) 4　から　6は　ひけません。
(2) 14を　10　と　4　に　わけます。
(3) 10から　6を　ひくと　4
(4) 4　と　4を　あわせて　8
(5) 14－6＝8

3 ひきざんを　しましょう。

(1) 14－9＝5
(2) 15－8＝7
(3) 13－5＝8
(4) 12－3＝9
(5) 16－8＝8
(6) 13－7＝6
(7) 15－9＝6
(8) 11－8＝3
(9) 12－4＝8
(10) 17－9＝8
(11) 11－2＝9
(12) 12－7＝5
(13) 13－8＝5
(14) 11－5＝6
(15) 14－7＝7

P60

思考判断表現 B　月　日

くりさがりのひきざん　なまえ

1 じゃがいもが　16こ　あります。9こ　たべました。じゃがいもは，なんこ　のこって　いますか。
しき　16－9＝7
こたえ　7こ

2 こどもが　13にんで　あそんで　います。そのうち　おんなのこは，8にんです。おとこのこは，なんにんですか。
しき　13－8＝5
こたえ　5にん

3 あめが　11こ　ありました。7こ　たべると，なんこ　のこりますか。
しき　11－7＝4
こたえ　4こ

4 でんせんに　とりが　12わ　とまって　いました。6わ　とんで　いきました。でんせんには　とりが　なんわ　いますか。
しき　12－6＝6
こたえ　6わ

5 クワガタが　11ぴき，カブトムシが　9ひき　います。どちらの　ほうが　なんびき　おおく　いますか。
しき　11－9＝2
こたえ　クワガタが　2ひき　おおい。

6 かさが　13ぼん　あります。7にんが　1ぽんずつ　かりました。かさは，なんぼん　あまりますか。
しき　13－7＝6
こたえ　6ぽん

7 えを　みて　11－5の　もんだいを　かきましょう。

みかんが　11こ　ありました。　5こ　たべました。

みかんが　11こ　ありました。5こ　たべると　のこりは，なんこですか。

P61

知識技能 B　月　日

たしざん　ひきざん　なまえ

1 □に　あてはまる　かずを　かきましょう。

(1) 5＋7＝12
(2) 6＋8＝14
(3) 7＋9＝16

2 たしざんを　しましょう。

(1) 4＋9＝13
(2) 8＋7＝15
(3) 2＋9＝11
(4) 7＋6＝13
(5) 5＋9＝14
(6) 5＋6＝11
(7) 9＋4＝13
(8) 7＋5＝12
(9) 9＋9＝18
(10) 9＋6＝15

3 □に　あてはまる　かずを　かきましょう。

(1) 14－9＝5
(2) 13－5＝8

4 ひきざんを　しましょう。

(1) 12－4＝8
(2) 14－6＝8
(3) 11－5＝6
(4) 13－4＝9
(5) 12－7＝5
(6) 12－6＝6
(7) 17－8＝9
(8) 15－7＝8
(9) 11－6＝5
(10) 16－8＝8

P62

思考判断表現 B　月　日

たしざん　ひきざん　なまえ

1 おりがみを　みはるさんは　6まい，おねえさんは　13まい　もって　います。

(1) どちらが　なんまい　おおいですか。
しき　13－6＝7
こたえ　おねえさんが　7まい　おおい。

(2) おねえさんが　みはるさんに　5まい　くれました。みはるさんと　おねえさんは，それぞれ　なんまいに　なりましたか。
〔みはるさん〕しき　6＋5＝11
こたえ　11まい
〔おねえさん〕しき　13－5＝8
こたえ　8まい

2 きょうしつに　15にん　こどもが　います。

(1) おとこのこが　9にんです。おんなのこは，なんにんですか。
しき　15－9＝6
こたえ　6にん

(2) きょうしつから　7にん　でました。きょうしつに　いる　こどもは，なんにんに　なりましたか。
しき　15－7＝8
こたえ　8にん

3 かほさんは，はなを　7ほん　もって　います。つかささんは，それよりも　6ぽん　おおく　はなを　もって　います。

(1) つかささんは，はなを　なんぼん　もって　いますか。
しき　7＋6＝13
こたえ　13ぼん

(2) つかささんの　はなが　4ほん　かれて　しまいました。つかささんの　はなは，なんぼんに　なりましたか。
しき　13－4＝9
こたえ　9ほん

4 したの　えを　みて，14－9に　なる　もんだいぶんを　かき，しきと　こたえも　かきましょう。

ひびき　ゆかり

〈解答例〉
どんぐりを　ひびきさんは，14こ，ゆかりさんは　9こ　もって　います。どちらの　ほうが　なんこ　おおいですか。
しき　14－9＝5
こたえ　ひびきさんが　5こ　おおい。

P63

知識技能 A　月　日

かたち　なまえ

1 おなじ　なかまの　かたちを，あ，い，うから　えらんで，きごうを　かきましょう。

(1) う
(2) あ
(3) い
(4) あ
(5) う
(6) あ

2 はこの　そこを　かみに　うつすと　どのような　かたちに　なりますか。きごうを　かきましょう。

(1) い
(2) あ
(3) う
(4) え

P64

思考判断表現 A　月　日

かたち　なまえ

● いろいろな　かたちの　なかまわけを　しましょう。あてはまる　かたちを　あ〜かから　えらんで，きごうを　かきましょう。

(1) ころころと　ころがる　もの
あ　う　お　か

(2) ころころと　ころがるが，むきを　かえると　つみあげる　ことも　できる　もの
お　か

(3) ころころと　ころがって，むきを　かえても　つみあげる　ことが　できない　もの
あ　う

(4) つみあげる　ことが　できて，ころころと　ころがらないもの
い　え

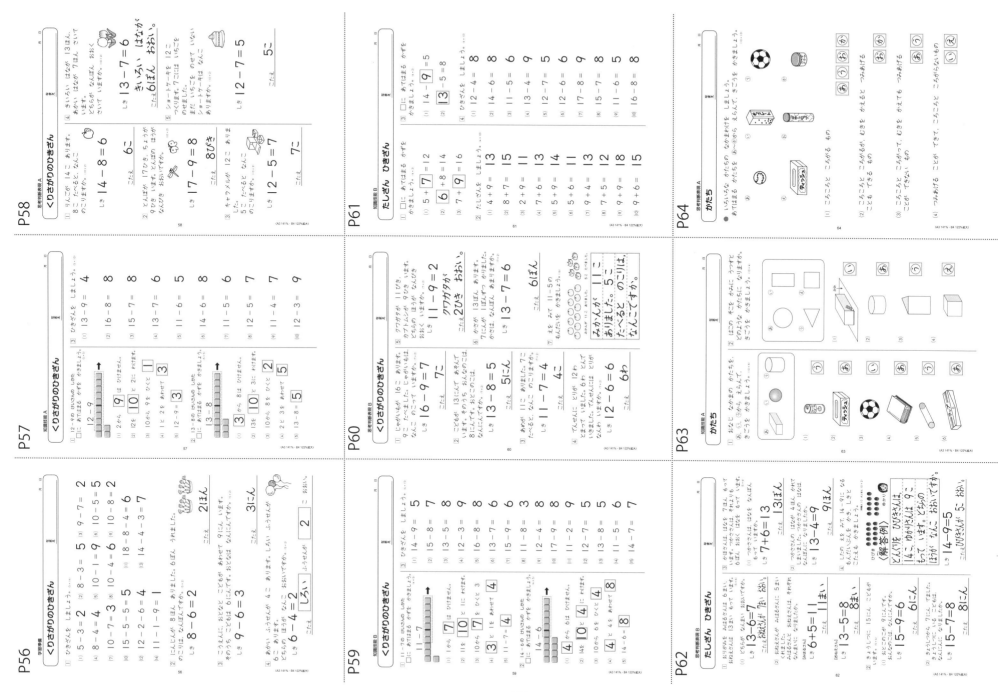

児童に実施させる前に，必ず指導される方が問題を解いてください。本書の解答は，あくまでも１つの例です。指導される方の作られた解答をもとに，本書の解答例を参考に児童の多様な考えに寄り添って○つけをお願いします。

P65

学習準備

おおきいかず

1 □に かずを かきましょう。

(1) 17
(2) 12　(3) 16　(4) 20

2 □に あう かずを かきましょう。

(1) 10と 3を あわせた かずは 13 です。
(2) 15は 10と 5 を あわせた かずです。
(3) 19は 10 と 9を あわせた かずです。
(4) 20 は 10と 10を あわせた かずです。

3 あかい ボールが 12こ，しろい ボールが 6こ あります。ボールは あわせて なんこ ありますか。

しき 12＋6＝18　こたえ 18こ

4 おとこのこは，19にん います。おんなのこは，10にん います。どちらの ほうが なんにん おおいですか。

しき 19－10＝9　こたえ おとこのこの ほうが 9にん おおい。

65

P66

知識技能 A

おおきいかず

1 かずを かぞえて すうじで かきましょう。

(1) 34　(2) 47

2 かずを すうじで かきましょう。

(1) 56　(2) 73

3 □に あてはまる かずを かきましょう。

(1) 96 97 98 99 100
(2) 60 70 80 90 100

4 □に あてはまる かずを かきましょう。

(1) 10を 8こと，1を 5こ あわせた かずは 85
(2) 59は，10を 5 こと 1を 9 こ あわせた かず。
(3) 十のくらいが 6で，一のくらいが 3の かずは 63
(4) 10を 10こ あつめた かずは 100 です。

5 けいさんを しましょう。

(1) 30＋6＝36
(2) 41＋7＝48
(3) 40＋20＝60
(4) 54－4＝50
(5) 76－4＝72
(6) 90－50＝40

66

P67

思考判断表現 A

おおきいかず

1 つぎの かずを □に かきましょう。

(1) 45よりも 3 おおきい かず　48
(2) 76よりも 4 ちいさい かず　72
(3) 100よりも 20 ちいさい かず　80
(4) 100よりも 3 おおきい かず　103

2 いろがみが 20まい あります。40まい かいました。あわせて なんまいですか。

しき 20＋40＝60　こたえ 60まい

3 たまごが 50こ ありました。20こ つかいました。たまごは，なんこ のこって いますか。

しき 50－20＝30　こたえ 30こ

4 じゃがいもが 40こ とれました。また 7こ とれました。あわせて なんこ とれましたか。

しき 40＋7＝47　こたえ 47こ

5 40えんの おかしを かいました。100えんを だしました。おつりは，なんえんですか。

しき 100－40＝60　こたえ 60えん

67

P68

知識技能 B

おおきいかず

1 なんこ ありますか。かずを すうじで かきましょう。

76

2 かずを すうじで かきましょう。

(1) 43　(2) 77

3 □に あてはまる かずを かきましょう。

(1) 10を 7こと，1を 4こ あわせた かずは，74 です。
(2) 10を 10こ あつめた かずは，100 です。

4 □に あてはまる かずを かきましょう。

(1) 55 60 65 70 75 80 85
(2) 40 50 60 70 80 90 100
(3) 100 99 98 97 96 95 94
(4) 106 107 108 109 110 111

5 かずの おおきい ほうに ○を つけましょう。

(1) (61) 59
(2) 88 (90)

6 けいさんを しましょう。

(1) 60＋8＝68
(2) 52＋4＝56
(3) 30＋40＝70
(4) 78－8＝70
(5) 80－50＝30
(6) 100－20＝80

68

P69

思考判断表現 B

おおきいかず

1 つぎの かずを □に かきましょう。

(1) 72よりも 7 おおきい かず　79
(2) 96よりも 3 ちいさい かず　93
(3) 98よりも 2 おおきい かず　100
(4) 108よりも 8 ちいさい かず　100

2 りんごジュースが 30ぽん あります。ぶどうジュースが 50ぽん あります。どちらが なんぼん おおいですか。

しき 50－30＝20　こたえ ぶどうジュースが 20ぽん おおい。

3 60えんと 40えんの おかしを かいました。あわせて なんえんですか。

60えん　40えん

しき 60＋40＝100　こたえ 100えん

4 48ほん えんぴつが あります。そのうち 7ほんは けずりました。けずって いない えんぴつは，なんぼん ありますか。

しき 48－7＝41　こたえ 41ぽん

5 つぎの きんがくに なるように，おかねに いろを ぬりましょう。

(1) 32えん
(2) 77えん

69

P70

知識技能 A

ひろさくらべ

1 ひろい ほうに ○を つけましょう。

(1) （　）（○）
(2) ㋐（○）㋑（　）
㋑を ㋐の 上に かさねると
(3) ㋕（　）㋖（○）
ノート　ハンカチ
㋕を ㋖の 上に かさねると

2 ひろい じゅんに 1，2，3と かきましょう。

(1) けいじばんの ひろさを くらべます。はって ある がようしの ひろさは おなじです。
（2）（1）（3）
(2) □は おなじ ひろさです。
（3）（1）（2）

70

P71

思考判断表現 A

ひろさくらべ

1 ひろさを くらべました。□に あてはまる かずや きごうを かきましょう。

㋐の ひろさは ■が 20こ
㋑の ひろさは ■が 21こ
㋑ の ほうが ひろいです。

2 ひろい じゅんばんを しらべました。□に あてはまる かずを かきましょう。

(1) あの ひろさは ■が 16こ
いの ひろさは ■が 12こ
うの ひろさは ■が 14こ
(2) ひろい じゅんばんに きごうで かきましょう。
あ → う → い

3 りょうさんと しほさんで ばしょとりゲームを しました。

しほ　りょう

(1) りょうさんの ひろさは，□が なんこぶんですか。 9 こぶん
(2) しほさんの ひろさは，■が なんこぶんですか。 16 こぶん
(3) どちらが どれだけ ひろいですか。 しほ さんが 7 こぶん ひろい。

71

P72

知識技能 A

なんじなんぷん

1 とけいを よみましょう。なんじなんぷんですか。

(1) 3じ10ぷん　(2) 5じ20ぷん　(3) 6じ40ぷん
(4) 7じ5ふん　(5) 10じ35ふん　(6) 11じ55ふん

2 とけいを よみましょう。なんじなんぷんですか。

(1) 1じ24ぷん　(2) 3じ32ふん　(3) 9じ6ぷん　(4) 8じ58ふん
(5) 4じ3ぷん　(6) 5じ47ふん　(7) 2じ19ふん　(8) 6じ26ぷん

72

P73

知識技能 B

なんじなんぷん

1 とけいを よみましょう。なんじなんぷんですか。

(1) 2じ6ぷん　(2) 5じ14ふん　(3) 7じ26ぷん　(4) 10じ25ふん
(5) 12じ38ぷん　(6) 11じ48ぷん　(7) 1じ32ふん　(8) 8じ59ふん
(9) 4じ20ぷん　(10) 8じ2ふん　(11) 5じ58ふん　(12) 1じ10ぷん

2 なんじなんぷんを さして いますか。ア～エから えらびましょう。

(1) ウ　(2) ア　(3) イ　(4) エ

ア 11:03　イ 4:30　ウ 12:57　エ 6:23

73

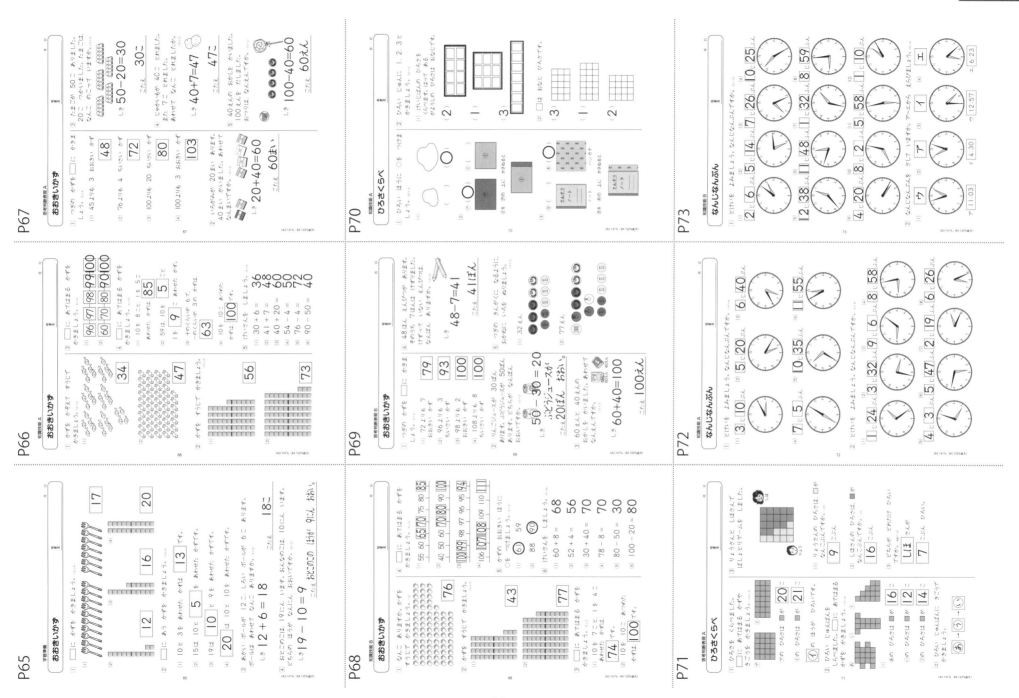

解答

児童に実施させる前に，必ず指導される方が問題を解いてください。本書の解答は，あくまでも１つの例です。指導される方の作られた解答をもとに，本書の解答例を参考に児童の多様な考えに寄り添って○つけをお願いします。

P74

知識技能 A　月　日

たしざんとひきざん　なまえ

1 4にんが さんりんしゃに のると，さんりんしゃは 2だい あまりました。さんりんしゃは，ぜんぶで なんだい ありますか。ずの □に あてはまる かずを かき，しきと こたえを かきましょう。(5×5)

4 にん　2 だい　6 だい

しき 4+2=6

こたえ 6だい

2 ゆきさんは，どんぐりを 11こ ひろいました。しょうたさんは，ゆきさんよりも 5こ すくなく ひろいました。しょうたさんは，なんこ ひろいましたか。□に あてはまる かずを かき，しきと こたえを かきましょう。(5×5)

11 こ　6 こ　5 こ すくない

しき 11−5=6

こたえ 6こ

3 こどもが，13にん ならんで います。ゆうまさんは，まえから 6ばんめです。ゆうまさんの うしろには なんにん いますか。□に あてはまる かずを かき，しきと こたえを かきましょう。(5×5)

13 にん　6 ばんめ　7 にん

しき 13−6=7

こたえ 7にん

4 はるみさんは，まえから 5ばんめに います。はるみさんの うしろには，6にん います。みんなで なんにん ならんで いますか。□に あてはまる かずを かき，しきと こたえを かきましょう。(5×5)

5 ばんめ　6 にん　11 にん

しき 5+6=11

こたえ 11にん

P75

思考判断表現 A　月　日

たしざんとひきざん　なまえ

1 ともきさんは，カードを 9まい もって います。あおいさんは，ともきさんよりも 6まい おおく もって います。あおいさんは，カードを なんまい もって いますか。

しき 9+6=15

こたえ 15まい

2 プリンが 13こ あります。スプーンは，9ほんしか ありません。スプーンは なんぼん たりませんか。(10×2)

しき 13−9=4

こたえ 4ほん

3 にゅうじょうけんが 15まい あります。10にんに 1まいずつ くばります。にゅうじょうけんは，なんまい のこりますか。(10×2)

しき 15−10=5

こたえ 5まい

4 バスていに 16にん ならんで います。りゅうさんは まえから 7ばんめです。りゅうさんの うしろには なんにん ならんで いますか。(10×2)

しき 16−7=9

こたえ 9にん

5 こどもが ならんで います。あきさんは，まえから 7ばんめです。うしろには，10にん います。ぜんぶで なんにんの こどもが ならんで いますか。(10×2)

しき 7+10=17

こたえ 17にん

P76

知識技能 B　月　日

たしざんとひきざん　なまえ

1 うさぎが 15ひき います。にんじんを 1ぴきに 1ぽんずつ くばると，2ほん たりませんでした。にんじんは，なんぼん ありましたか。(5×2)

15ひき　うさぎ　にんじん　2ほん

しき 15 − 2 = 13

こたえ 13ぼん

2 ともさんは，みかんを 8こ もって います。れいさんは，ともさんよりも 5こ おおく もって います。れいさんは，みかんを なんこ もって いますか。(10×2)

8こ　ともさん　れいさん　5こ

しき 8+5=13

こたえ 13こ

3 けいたさんは 9さいです。おとうとは，けいたさんよりも 4さい とししたです。けいたさんの おとうとは，なんさいですか。(10×2)

9さい　けいたさん　おとうと　4さい

しき 9−4=5

こたえ 5さい

4 るいさんが れつに ならんでいます。るいさんの まえには 6にん います。るいさんは，まえから なんばんめですか。(5×2)

るいさん　6にん

しき 6 + 1 = 7

こたえ 7ばんめ

5 かいさんは，まえから 5ばんめに ならんで います。かいさんの うしろには，9にん います。みんなで なんにん ならんで いますか。(10×2)

かいさん　5ばんめ　9にん

しき 5+9=14

こたえ 14にん

6 12にん ならんで います。ひかるさんは，まえから 7ばんめに います。ひかるさんの うしろには，なんにん ならんで いますか。(10×2)

7ばんめ　12にん

しき 12−7=5

こたえ 5にん

P77

思考判断表現 B　月　日

たしざんとひきざん　なまえ

1 なすが 6こ あります。ピーマンは なすよりも 5こ おおく あります。ピーマンは なんこ ありますか。(6×2)

しき 6+5=11

こたえ 11こ

2 うさぎが 7ひき います。うさぎに 1ぽんずつ にんじんを やると，5ほん のこりました。にんじんは，なんぼん ありましたか。(6×2)

しき 7+5=12

こたえ 12ほん

3 こどもが 2れつに ならんで います。みぎがわには 7にん，ひだりがわには 9にん ならんで います。ぜんぶで なんにん いますか。(6×2)

しき 7+9=16

こたえ 16にん

4 12にんが，いすに すわります。いすは，8きゃく あります。いすは，なんきゃく たりませんか。(6×2)

しき 12−8=4

こたえ 4きゃく

5 こどもが 14にん ならんで います。まことさんは，まえから 6ばんめです。まことさんの うしろには，なんにん いますか。(6×2)

しき 14−6=8

こたえ 8にん

6 かりんさんは，まえから 7ばんめです。うしろに 7にん ならんで います。みんなで なんにん ならんで いますか。(6×2)

しき 7+7=14

こたえ 14にん

7 ラーメンやさんに 16にん ならんで います。ふとしさんの うしろには，9にん います。ふとしさんは，まえから なんばんめに いますか。(6×2)

しき 16−9=7

こたえ 7ばんめ

8 パンやに 14にん ならんで います。パンは あと 8にんぶんしか ありません。かう ことが できないのは，なんにんですか。(8×2)

しき 14−8=6

こたえ 6にん

P78

知識技能 A　月　日

かたち(2)　なまえ

1 みぎと おなじ いろいたの おおきさに くぎりましょう。いろいたが なんまいで できて いますか。(10×3)　いろいた

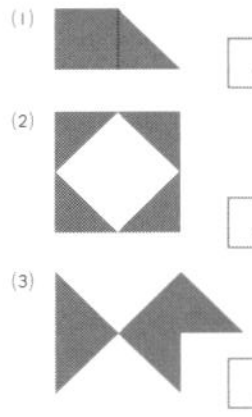

(1) 3 まい

(2) 4 まい

(3) 5 まい

2 ぼうが なんぼんで できて いますか。(10×2)

(1) 5 ほん

(2) 8 ほん

3 つづきを かきましょう。てんを つないで，おなじ かたちを かきましょう。(10×5)

解答略

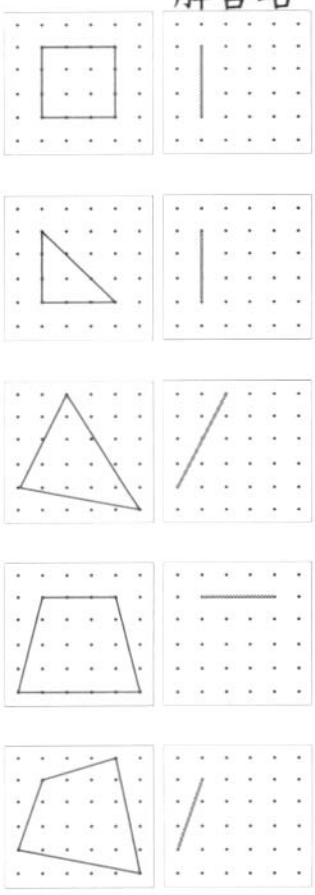

P79

思考判断表現 A　月　日

かたち(2)　なまえ

1 ◢を なんまい つかって できた かたちですか。□に まいすうを かきましょう。また，それぞれの かたちに 1まい つけたして できる かたちを，したから えらんで〔　〕に きごうを かきましょう。(10×10)

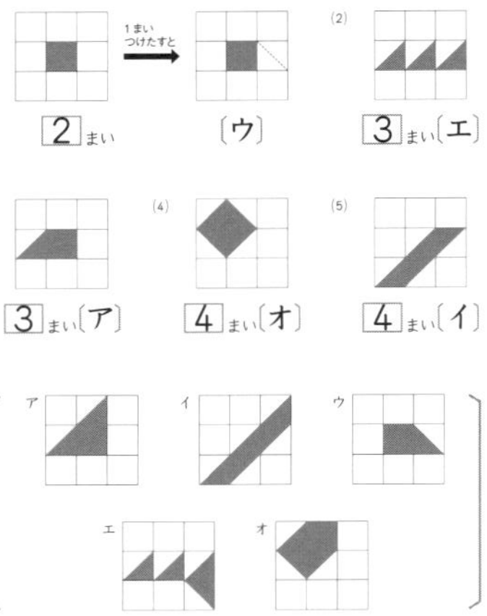

(1) 2 まい〔ウ〕

(2) 3 まい〔エ〕

(3) 3 まい〔ア〕

(4) 4 まい〔オ〕

(5) 4 まい〔イ〕

P80

知識技能 B　月　日

かたち(2)　なまえ

1 みぎと おなじ いろいたの おおきさに くぎりましょう。いろいたが なんまいで できて いますか。(10×3)　いろいた

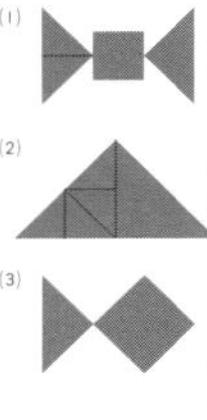

(1) 6 まい

(2) 8 まい

(3) 6 まい

2 ぼうが なんぼんで できて いますか。(10×2)

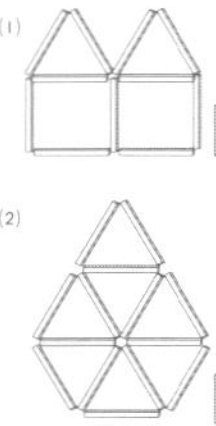

(1) 11 ぽん

(2) 14 ほん

3 てんを つないで，おなじ かたちを かきましょう。(10×5)

解答略

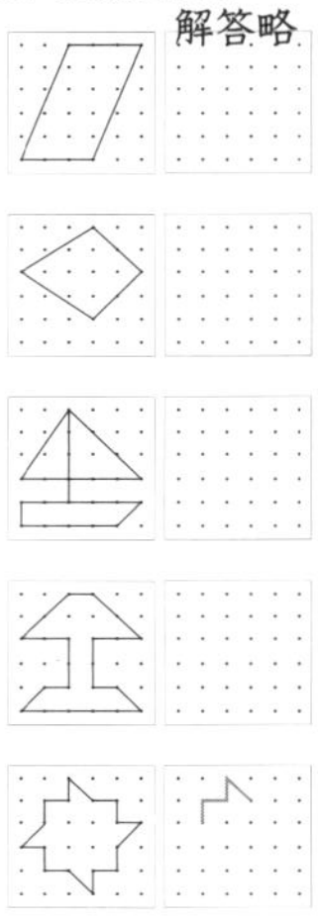

P81

思考判断表現 B　月　日

かたち(2)　なまえ

1 ◢を なんまい つかって できた かたちですか。□に まいすうを かきましょう。また，◢を 1まい うごかして できる かたちを，したから えらんで〔　〕に きごうを かきましょう。(10×10)

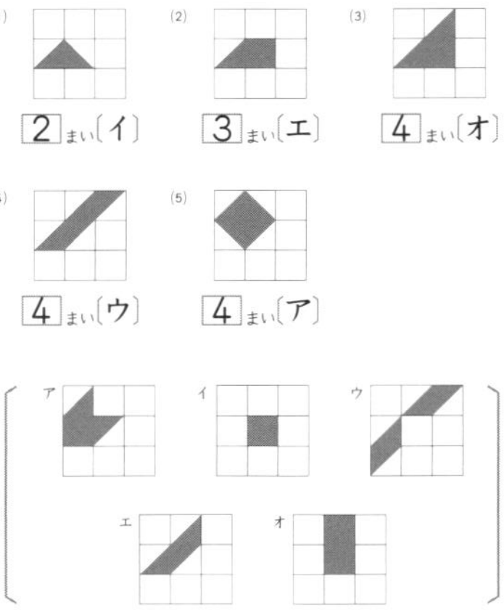

(1) 2 まい〔イ〕

(2) 3 まい〔エ〕

(3) 4 まい〔オ〕

(4) 4 まい〔ウ〕

(5) 4 まい〔ア〕

P82

知識技能 A　月　日

学年のまとめ　なまえ

1 □に あてはまる かずを かきましょう。(5×4)

(1) 17は 10と 7 を あわせた かずです。

(2) 10と 9を あわせた かずは 19 です。

(3) 73は，10を 7 こと，1を 3 こ あわせた かずです。

(4) 10を 10こ あつめた かずは 100 です。

2 □に あてはまる かずを かきましょう。(5×4)

(1) 50−60−70−80−90

(2) 98−99−100−101−102

(3) 90−95−100−105−110

(4) 108−109−110−111−112

3 たしざんを しましょう。(5×6)

(1) 6 + 3 = 9

(2) 10 + 6 = 16

(3) 5 + 6 = 11

(4) 4 + 9 = 13

(5) 8 + 7 = 15

(6) 20 + 40 = 60

4 ひきざんを しましょう。(5×6)

(1) 8 − 4 = 4

(2) 17 − 5 = 12

(3) 12 − 7 = 5

(4) 16 − 9 = 7

(5) 14 − 8 = 6

(6) 83 − 3 = 80

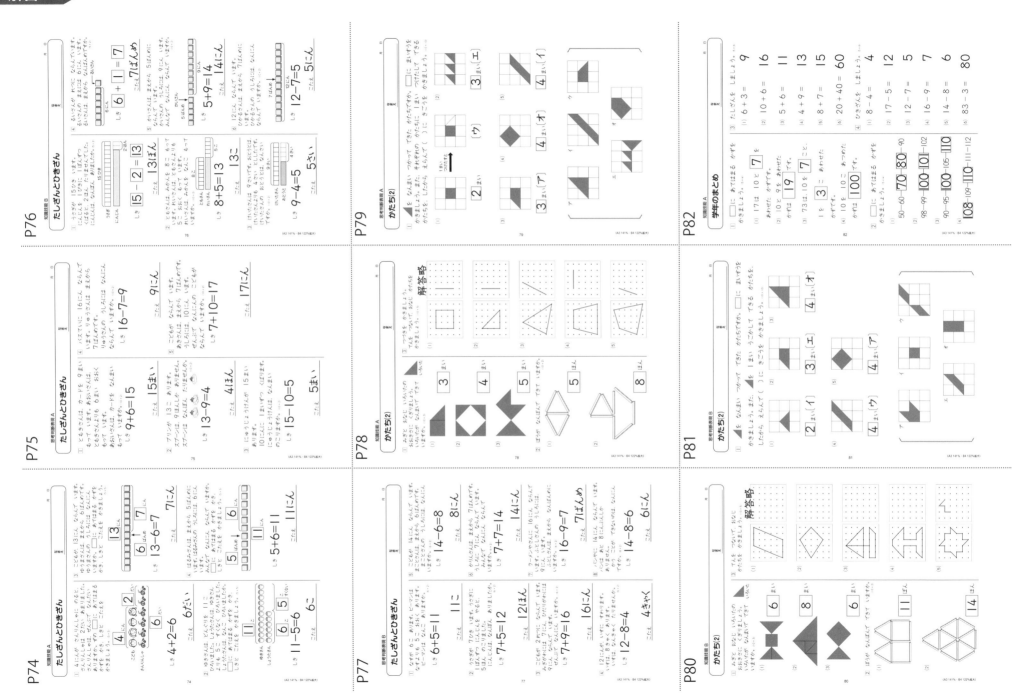

P83

思考判断表現 A　　月　日

学年のまとめ　なまえ

1 ミニトマトが　きのう　10こ　とれました。きょうは　8こ　とれました。ミニトマトは，あわせて　なんこ　とれましたか。(10×2)

しき 10+8=18

こたえ 18こ

2 いちごが　12こ　ありました。7こ　たべました。のこりは，なんこですか。(10×2)

しき 12−7=5

こたえ 5こ

3 こうえんに　おとこのこが　13にん，おんなのこが，9にん　います。おとこのこと　おんなのこでは，どちらが　なんにん　おおいですか。(10×2)

しき 13−9=4

こたえ おとこのこが 4にん　おおい。

4 バスに　14にん　のって　いました。つぎの　バスていで　4にん　おりて，9にん　のりました。バスには，なんにん　のって　いますか。(10×2)

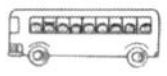

しき 14−4+9=19

こたえ 19にん

5 70えんの　アイスクリームを　かって，100えんを　はらいました。おつりは　なんえんに　なりますか。(10×2)

しき 100−70=30

こたえ 30えん

83

(A3 141%・B4 122%拡大)

P84

知識技能 B　　月　日

学年のまとめ　なまえ

1 □に　あてはまる　かずを　かきましょう。(4×3)

(1) 60は　10を [6] こ　あつめた　かずです。

(2) 100は　70より [30]　おおきい　かずです。

(3) 十のくらいが　6，一のくらいが　2の　かずは，[62] です。

2 なんじなんぷんですか。(4×2)

(1)  [11] じ [30] ぷん

(2)  [1] じ [52] ぷん

3 ながさくらべを　します。たてと　よこでは，どちらが　ながいですか。(8)

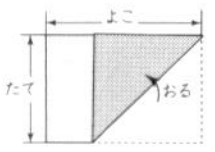

[よこ]

4 おおきい　かずの　ほうに　○を　つけましょう。(4×2)

(1) 98　(101)

(2) (120)　102

5 けいさんを　しましょう。(4×16)

(1)	9 + 4 =	13
(2)	7 + 7 =	14
(3)	4 + 8 =	12
(4)	11 − 7 =	4
(5)	17 − 8 =	9
(6)	12 − 6 =	6
(7)	50 + 30 =	80
(8)	62 + 6 =	68
(9)	7 + 32 =	39
(10)	90 − 30 =	60
(11)	74 − 4 =	70
(12)	59 − 3 =	56
(13)	10 + 3 + 3 =	16
(14)	17 − 4 − 5 =	8
(15)	16 − 6 − 5 =	5
(16)	13 + 2 − 9 =	6

84

(A3 141%・B4 122%拡大)

P85

思考判断表現 B　　月　日

学年のまとめ　なまえ

1 こどもが　16にん　います。そのうち　9にんが　おんなのこです。おとこのこは，なんにんですか。(5×2)

しき 16-9=7

こたえ 7にん

2 くろの　えんぴつが　8ぽん，いろえんぴつが　4ほん　あります。あわせて　なんぼんに　なりますか。(5×2)

しき 8+4=12

こたえ 12ほん

3 うしが　9とう，うまが 13とう　います。うまの　ほうが　なんとう　おおいですか。(5×2)

しき 13−9=4

こたえ 4とう

4 おりがみを　30まい　もって　いました。50まい　かいました。おりがみは　なんまいに　なりましたか。(5×2)

しき 30+50=80

こたえ 80まい

5 きに　せみが　9ひき　います。3びき　きました。せみは　なんびきに　なりましたか。(5×2)

しき 9+3=12

こたえ 12ひき

6 みかんが　13こ　ありました。8こ　たべました。なんこ　のこって　いますか。(5×2)

しき 13−8=5

こたえ 5こ

7 なべと　やかんでは，どちらが　コップ　なんばいぶん　おおく　はいりますか。(10)

[なべ] が，コップ [2] はいぶん　おおい。

8 いけに　かえるが　7ひき　いました。6ぴき　やって　きました。また，5ひき　きました。いけの　かえるは，なんびきに　なりましたか。(5×2)

しき 7+6+5=18

こたえ 18ぴき

9 70ページの　ほんを　よみます。50ページまで　よみました。あと　なんページで　よみ　おわりますか。(5×2)

しき 70−50=20

こたえ 20ページ

10 わたしは　くりを　42こ　ひろいました。さおりさんは　48こ　ひろいました。どちらが　なんこ　おおく　ひろいましたか。(5×2)

しき 48−42=6

こたえ さおりさんが 6こ　おおい。

85

(A3 141%・B4 122%拡大)

コピーしてすぐ使える　観点別で評価ができる

教科書算数テストプリント　1年

2021年7月1日　第1刷発行

著　　者：新川　雄也

企画・編集：原田　善造（他8名）

発行者：　岸本 なおこ

発行所：　喜楽研（わかる喜び学ぶ楽しさを創造する教育研究所）

〒604-0827　京都府京都市中京区高倉通二条下ル瓦町 543-1

TEL　075-213-7701　FAX　075-213-7706

HP　https://www.kirakuken.co.jp/

印　刷：　創栄図書印刷株式会社

ISBN：978-4-86277-335-7

Printed in Japan